中国少数民族人口丛书

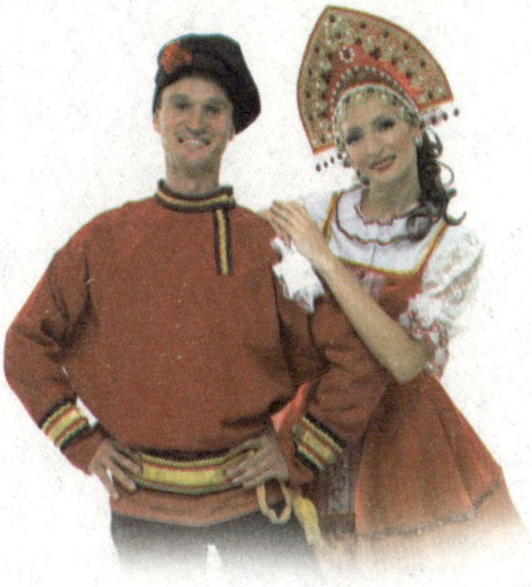

俄罗斯族

翟振武 主编

滕春华/编著

图书在版编目（CIP）数据

俄罗斯族 / 滕春华编著. —北京：中国人口出版社，2014.7（2022.7重印）
（中国少数民族人口丛书）
ISBN 978-7-5101-2667-3

Ⅰ. ①俄… Ⅱ. ①滕… Ⅲ. ①俄罗斯族—民族文化—中国 Ⅳ. ①K284.4

中国版本图书馆 CIP 数据核字（2014）第 154412 号

中国少数民族人口丛书 俄罗斯族
ZHONGGUO SHAOSHU MINZU RENKOU CONGSHU ELUOSIZU
翟振武 主编 滕春华 编著

责任编辑 张宏文
美术编辑 刘海刚
责任印制 林 鑫 王艳如
出版发行 中国人口出版社
印 刷 北京兴星伟业印刷有限公司
开 本 710 毫米 ×1000 毫米 1/16
印 张 12 插 1
字 数 164 千字
版 次 2014 年 7 月第 1 版
印 次 2022 年 7 月第 2 次印刷
书 号 ISBN 978-7-5101-2667-3
定 价 45.00 元

网 址 www.rkcbs.com.cn
电子信箱 rkcbs@126.com
总编室电话 (010) 83519392
发行部电话 (010) 83510481
传 真 (010) 83538190
地 址 北京市西城区广安门南街 80 号中加大厦
邮 编 100054

序

如果把一个民族比作一颗星星，那我们就是生活在一个繁星满天的世界。当今世界上有约 3000 个民族，分布在 200 多个国家和地区，绝大多数国家由多个民族组成。中国也是同样，是由各族人民共同缔造的统一的多民族国家。在漫漫的历史长河中，生活在中华大地上的各族人民密切往来、交流融合、团结奋斗、休戚与共，形成了一个伟大的强盛的中华民族大家庭，共同开发了祖国的美好河山，共同推动了国家的发展和社会的进步。

在中华民族的大家庭中，有 56 个成员，其中有 55 个是少数民族。新中国成立以来，少数民族人口一直持续增长。1953 年第一次全国人口普查时，少数民族人口总数为 3532 万人，占全国总人口的 6.1%。2010 年进行第六次全国人口普查时，少数民族人口总量达到了 1.14 亿，几乎是 1953 年的 3 倍，占到了全国 13.4 亿人口的 8.5%。各少数民族人口数量相差较大，如壮族有 1693 万人，回族 1059 万人，满族 1039 万人，维吾尔族 1007 万人，而赫哲族只有 5354 人，塔塔尔族 3556 人，独龙族 6930 人。中国各民族的人口分布呈现大散居、小聚居、交错杂居的特点。汉族地区有少数民族聚居，少数民族地区也有汉族居住；许多少数民族既有一块或几块聚居区，又散居全国各地。中国少数民族聚居区大都地广人稀，资源富集。少数民族地区的草原面积，森林和水力资源蕴藏量，以及天然气等基础储量，均超过或接近全国的一半。全国 2.2 万多公里陆地边界线中的 1.9 万公里在民族地区。全国的国家级自然保护区面积中民族地区占到 85%以上，是国家的重要生态屏障。中国各民族的起源和经济、社会、文化的发展有着本土性、多元性、多样性的特点，五彩缤纷，丰富多彩。

要全面认识中华民族，就要从认识每一个民族开始。正是从这个理念出发，我们编写了这套《中国少数民族人口》大型系列丛书，力图从历史、文化、经济、社会等各个方面，用准确、科学、生动的语言，全方位描述和展现各少数民族灿烂辉煌的历史和现状，编织出一幅绚丽多彩的中华民族大家庭的“全家福”。

编写这样一套大型系列丛书，难度非同一般。几经论证和深入研讨，最终形成了编写大纲，这套丛书各个分卷的作者绝大多数由少数民族作家担任，他们不仅熟悉自己民族的历史和文化，而且对本民族有深厚的感情。在国家新闻出版总署、国家人口计生委和中国人口出版社的大力支持下，作者们历经数年，几易其稿，终成此书。值此丛书出版之际，我们衷心地祈愿这幅“全家福”能为民族的交流和团结，为中国的文化建设，为整个中华民族的繁荣昌盛，作出一份微薄的贡献。

翟振武

2012 年 5 月于北京

PREFACE

Every nationality sparkles like a star in the firmament. Now we have about 3000 stars distributed across the world in more than 200 countries, most of which are multinational. So is China, which consists of a number of nationalities. For centuries, all the nationalities have lived together, worked together and fought together, making China a prosperous unified multinational country.

Of all the 56 nationalities in China, 55 are minorities whose population has been increasing since the founding of The People's Republic of China. According to the first census in 1953, the minority population was about 35. 32 million, accounting for 6. 1 percent of China's total population. By 2010, the number had almost tripled. According to the sixth census, the population of the minorities amounted to 114 million, making up 8. 5 percent of the 1. 34 billion people in China. The population size of minority groups varies a lot. Some of them have a large population, for example, the Zhuang Nationality has a population of 16. 93 million; the Hui has 10. 59 million people and the Manchu consists of 10. 39 million people. Some of the minorities are quite small, such as the Hezhe, the Tatar and the Drung nationalities, which have populations of 5354, 3556 and 6930, respectively. China's nationalities live together over vast areas with some living in individual, concentrated communities in small areas.

Some minorities'concentrated communities are scattered among the Hans, and some Han people also live in the minority communities. Some minorities may have one or more concentrated communities, while their people spread all over the country. Most minorities'concentrated communities have their people sparsely distributed in large areas with abundant resources. The grassland, forest, water and natural gas reserves in areas inhabited by minority people account for about half of China's total. Further, 19 000 kilometers of the nation's 22 000-kilometer land boundary are in minorities'communities. In addition, 85 percent of the country's state-level natural reserves are in the minority areas, making the people important guardians of China's ecology. Each of the nationalities'origin is unique, and their development of economy, society and culture is full of variety.

Only by learning every aspect of the minorities'lifestyle can we have a comprehensive understanding of the Chinese nation. Under this notion, we write this series of books on the Population of China's Minorities to provide a detailed picture of our Chinese nation, with the glorious past and prosperous present of the country's minorities.

It is through trials and tribulations that we write this spectacular series of books. Most of the authors, who have profound knowledge of the minorities and wrote the books with their strong emotions, are members of minority groups. With the great support of the National Publication Foundation, the National Population and Family Planning Commission and China Population Publishing House, the authors completed the books after years of unremitting endeavor.

On the publication of this series of books, we are looking forward to seeing these books contribute to the unity of the Chinese nation and help our country flourish in the future.

Zhenwu Zhai
Beijing
May 2012

目录

Contents

综　述

俄罗斯族是我国人口较少的少数民族之一，同时是一个跨界民族。目前大部分居住在新疆维吾尔自治区的塔城、伊犁、阿勒泰及乌鲁木齐等地，一部分居住在内蒙古自治区东北部，少数散居在其他地区。据第六次全国人口普查，全国俄罗斯族人口是 15 393 人。

我国俄罗斯族是不断迁入中国的俄罗斯人的后裔，原为白色人种，讲俄语，使用俄文，在迁居我国 300 多年的历史进程中，尤其是近几十年来，由于与汉族通婚，所以他们的体貌特征、思想意识、语言文化、风俗习惯等都发生了一定的变化，使得他们成为源于苏联的俄罗斯人，又不同于俄罗斯人的我国俄罗斯族这样一个群体。

俄罗斯族一直保持了苏联俄罗斯人的传统生活习惯，直到 20 世纪 60 年代前后，由于人口锐减，传统的民族聚集地消失，传统的生活风俗才开始慢慢地发生变化，逐渐融入或吸收了一些当地民族的生活习俗。但总地来说，俄罗斯族的风俗习惯依然保持了浓郁的欧洲风情。

俄罗斯族传承了俄罗斯民间文学，并以口头传承的形式在民间流传，这些民间文学故事成为俄罗斯族人民的精神文化支柱。无论是家庭聚会或婚礼，还是节日庆祝会或是演出，俄罗斯民歌、俄罗斯民间舞蹈、俄罗斯手风琴演奏都是俄罗斯族表达心声、表达民族感情的最热烈方式。悠扬的手风琴，高亢、委婉的民歌、热烈奔放的踢踏舞一次次地向人们展示着俄罗斯族的精神世界。

俄罗斯族大部分信仰东正教，少数信仰五旬节教派等。东正教是基督教的三大教派之一。一般俄罗斯族东正教民的家中都供奉有耶稣、玛利亚或其他圣徒的油画像“伊阔那”，供教民在家中简单祈祷之用。祈祷时，东正教民捏拢拇指、食指和中指在胸前划十字，其顺序是上、下、右、左。包含了衣、食、住、行等方面的内容，同时也表现了一个民族的文化价值取向。

俄罗斯族的传统服饰带有浓郁的欧洲风情。传统的俄罗斯族妇女一年四季都穿裙子（由普卡），分连衣裙，无袖长裙（萨拉范）和裙子，穿裙子时，上身要配衬衫（布鲁孜卡）。冬季出门穿大衣，穿皮靴，戴皮帽或围毛围巾。居家时穿一种名叫“哈拉特”的休闲服。出门做客时，要梳洗打扮，化妆，尊重自己也尊重主人。俄罗斯族男子穿西服，穿套头的传统衬衫“卡萨瓦罗特卡”，穿“萨拉瓦雷”灯笼裤，穿马裤。冬季穿大衣，穿皮茄克，穿一种叫“斯基热尼卡”的竖条棉衣，戴皮帽，围围脖，穿皮靴。还有一种叫“尕罗什给”的胶皮套鞋。

俄罗斯族的传统饮食比较简单，花色不多，但具有浓郁的俄罗斯风味。俄罗斯族的传统饮食以面食和汤为主，面食主要有列巴、发面煎饼“阿拉吉”，鸡蛋煎饼“布里内”，油炸的包子“比拉什给”、饺子“别列灭尼”等。列巴是一年四季一日三餐的主食，常常配以“苏波汤”就是一顿可口的饭。俄罗斯族的另一种传统饭是“尕得列得”。节日、休息日或招待客人时才做。俄罗斯族的油煎包子分土豆馅、莲花白馅、牛肉洋葱馅。饺子“别列灭尼”也分土豆馅、牛肉馅和水果馅的，叫“瓦列尼给”。俄罗斯族人酷爱吃土豆，炒着吃、煎着吃、煮着吃、炖着吃，百吃不厌。俄罗斯族人爱喝茶，喝红茶，茶里要放方块糖，还要配以蜂蜜、果酱一起品用。俄罗斯族的传统茶炊叫“萨玛瓦尔”。俄罗斯族人最喜爱吃甜点，而且是自己做的，常烤制奶油面包、果酱排，果酱馅面包、卷面包和饼干等。传统的俄罗斯族家庭都有列巴炉。以前它不仅可以烤列巴、烧茶、煮汤，而且是家庭的取暖工具，后来带烤箱的土炉子代替了它的功能。再后来电烤箱又取代了烤炉的位置。

住在山区或林区的俄罗斯族常常就地取材，建造俄罗斯族传统住宅——木屋。居住在平原农村、城镇的俄罗斯族住平房，传统的俄罗斯建筑是铁皮四坡顶，屋内是木地板，木天花板，窗户虽小，但是分两层玻璃和一个室外护窗板。两道墙中间有一个与墙壁一样高的圆柱形壁炉，用以取暖。一般家庭住的是土坯建的房屋，它的地面也是土地，俄罗斯族人每星期至少用拌有牛粪的黄土浆涂抹地面一次，用以减少灰尘和小昆虫的滋生。过去俄罗斯族家庭都会在院子里建一个澡堂，面积很小，内置一个铁皮炉，炉板上放几块大石头，石头烧热后往上面喷水，产生热气，使其熏蒸皮肤，还要用白桦树枝扎的扫帚拍打全身皮肤，使其通红发热，有利于健康。

传统的俄罗斯族人的床是单人铁床或木床，床的一面靠墙，墙上挂挂毯，床的三面挂白色机绣床边，褥单上平铺被子，被子上铺毛毯，毛毯上摞两个鸡毛枕头，并盖上网扣装饰。俄罗斯族人的床是不能坐外人的。

俄罗斯族人传统的交通运输工具主要是马车，冬季是马拉雪橇。他们坐着三套马车或雪橇迎娶新人，用马车或雪橇运输货物，乘坐马车或雪橇串门走亲戚。另外还有一种马拉的高级篷车，只有有钱人才享有。其次俄罗斯族军人善于骑马打仗，在新疆骑自行车也是俄罗斯族人率先的。

俄罗斯族是一个非常讲究文明礼仪的民族。日常生活中相互见面要问好，道别时说再见。言谈话语中离不开“请”、“对不起”、“谢谢”等字眼。除了相互问好外，俄罗斯族还有亲吻脸颊的习俗。用列巴和盐迎接客人是最高的礼仪。去俄罗斯族家庭做客要先敲门，得到允许方可进入，进门后要脱鞋或擦干净鞋底。进入房间后坐指定的地方，万万不可坐床，也不能在主人家随便吸烟。男士要尊重女士。

俄罗斯族是一个“走到哪里就把学校办到那里”的民族。他们非常重视教育，把学校办到了村落、城镇。因此，在20世纪三四十年代，俄罗斯族人办学数量是最多的，受教育人数比例也是最高的，而且俄罗斯学校也吸引了其他民族的子女。随着俄罗斯族人口的减少，俄罗斯学校也随之停办。1985年伊宁市恢复了伊宁市俄罗斯学校，这所学校的开办吸引了各民族学生的加入。

婚姻是人生的一件大事。俄罗斯族对待婚姻态度比较严肃，反对草率离婚。俄罗斯族提倡恋爱自由，青年男女经过交往，确定关系后，男方家要向女方家提亲。用大圆列巴提亲是传统习俗。如果姑娘答应就会当双方亲人切开列巴，然后双方商议婚期等事项。结婚前夕姑娘会邀请女友们吃饭，告别少女时代。结婚这天男方一行去女家娶亲，在象征性地交过了“买路钱”、“辫子钱”、“席位钱”，接受了丈母娘的招待和祝福之后，新郎一行出发去教堂举行证婚仪式，然后回男方家举行婚宴。俄罗斯族人的婚宴一般是男女方一起举办。婚宴上食物，酒水丰富，既有主食菜肴，又有甜点茶水。婚宴上此起彼伏的“果尔卡”喊声，提示男女新人不断要接吻，答谢来宾的美好祝福。婚宴上大家不分老幼，尽情唱歌跳舞，一直持续到深夜。

俄罗斯族家庭有新生儿出世，在过去要去教堂命名，同时要洗礼，成为教徒。现在新生儿出生后由自己家的人为其命名，不用去教堂接受洗礼。但俄罗斯族有一个洗礼认干妈、干爸的民间习俗。这种通过给孩子洗礼广交朋友的习俗，表现了俄罗斯人的豪爽、好客的性格。这种洗礼仪式可以在任何年龄举行，有趣的是孩子的干爸、干妈可以是父母或孩子喜欢的任何人，但干爸、干妈不能是夫妻。

死亡是人生的结束，葬礼则是对亡者的悼念。俄罗斯族家庭有人去世，家人一方面要通知亲友，一方面要为亡者沐浴更衣。遗体在家庭放 3 天，摆遗像、点蜡烛，摆一碗清水，请人做棺木。棺木外形呈六边体，棺身不宜太深，棺木外面漆成黑色或用黑布包裹。3 天后遗体入殓，棺底铺刨花，刨花上铺白布单，遗体放在白布单上，头枕刨花心的方形白枕头，身盖白布单，白布单上摆放鲜花或纸花，遗体宛如在百花丛中。棺身和棺盖分离，被运往俄罗斯族墓地，下葬前亲属朋友与遗体告别，然后盖上棺盖。木坑呈东西方向，亡者脚朝东，头朝西。填埋土后，坟堆呈长方形，高 50 厘米左右，墓碑立在东边，碑文朝西。一般碑文只刻亡者的生辰卒时和立碑时间。葬礼结束后举行葬后宴。按习俗要为亡者过 9 天、49 天纪念，以后只过周年纪念。亡者的纪念活动一般分在家中或在教堂举行两种。

俄罗斯族的传统民间节日很多，主要有新年、圣诞节、洗礼节、谢肉节、报喜节、柳枝节、复活节、祭扫亲人节、三一节、伊万洗礼节等，但最隆重的节日是圣诞节和复活节。

俄罗斯族的圣诞节是在公历 1 月 7 日。节日前要准备圣诞树，准备圣诞礼物，打扫房间，烤制甜点面包等。1 月 6 日这一天是圣诞夜，教民要去教堂做祈祷，做捐赠活动。晚上全家吃团圆饭，饭后去参加圣诞晚会。近二十多年来，伊犁、塔城、阿勒泰、乌鲁木齐等地的俄罗斯族在 1 月 7 日这天聚会欢度圣诞节，相互祝福，唱歌、跳舞，品用节日食品，并且接受圣诞老人的礼物。

复活节俄语叫“帕斯卡”，在每年春分后的第一个星期日，是俄罗斯族人民最大、最隆重的节日，被称为节中节。节日前各家就开始做准备了，粉刷房间、浆洗衣物，烤制甜点，其中每家至少要准备1～3个圆柱形蛋糕——“古力其”，“古力其”是复活节的标志，有祭祀的意味。另外还要准备复活节彩蛋。各种颜色、图案的彩蛋，为复活节增添了喜庆，因此，民间也把复活节称为鸡蛋节。值得一提的是，俄罗斯族人用红皮亚子皮煮鸡蛋，煮出来的鸡蛋是红褐色的，不掉色，是绿色环保食品。关于复活节红鸡蛋还有一些民间传说故事。复活节前一两周，俄罗斯族家庭还要在线袜子里装满土，拌上麦种，每天浇水，几天后种子发芽长成一个绿油油的大草球，意味祈求上天保佑粮食丰收。复活节前夜，教民要带着准备好的“古力其”和彩蛋去教堂做祈祷，等待耶稣复活时刻的降临，然后带着被祝福过的古力其和彩蛋回家。第二天早上，全家人要互相祝贺耶稣复活，并且分吃祝福过的古力其和彩蛋，表示开斋，因为复活节前虔诚的教民要恪守斋期。吃彩蛋时，长辈先会用手心按着彩蛋，在食用者头上顺时针方向滚三圈，说一些祝福的话语，才交与对方食用。改革开放后，新疆各地的俄罗斯族每年聚会庆祝复活节，会场上，人们相互问候节日，碰鸡蛋，吃“古力其”和其他食物，还要唱民歌，跳民间舞，热闹非凡。

复活节后第九天是俄罗斯族人上坟的日子，这一天是全世界的东正教徒上坟的日子。作为俄罗斯族人，你不仅可以祭扫自家人的坟茔，也可以祭扫别人家的坟茔。而且大家在墓地空地上席地围坐，相互品尝所带的食物，以示悼念对方。

随着俄罗斯人的迁入，他们随之带来的当时较为先进的生产技术、生产工具以及生活方式也极大地影响了新疆各族人民的经济生产和生活方式，这种影响也提高了俄罗斯族的社会地位。

俄罗斯人最初进入新疆，带来了在当时的新疆算得上较为先进的生产工具和生产理念，改进了新疆单一的农业生产结构和生产工具，对牲畜进行优良品种选育，开创了新疆的养鹿和养蜂业，如今这两个产业已经成熟，并成为新疆的特色产业。俄罗斯族人的食品列巴、啤瓦、灌肠，尤其是俄罗斯族歌曲、舞蹈所产生的影响至今没有减弱。

俄罗斯族农民家庭延续了在原俄罗斯的经济生活模式，即种植粮食作物、打猎、养殖家畜、养蜂、捕鱼等。他们主要种植大麦、小麦、玉米等粮食作物，种植洋芋、西红柿、黄瓜、莲花白等蔬菜，种植果树、梨树，草莓、刺梅等果木类，另外，养马、牛、羊、猪、鸡、鸭、鹅等。养马用于耕地和骑乘拉车；养牛、羊用于解决奶制品；养猪用于食用；养鸡、鸭、鹅不仅食用，取蛋而且取毛，俄罗斯族人的褥子和枕头是用羽毛作芯子的。另外，养蜂、捕鱼和打猎作为生活调剂和补贴。

俄罗斯族是善于改进和创造的勤劳民族。他们中的能工巧匠根据新疆冬季寒冷路滑的情况，在马掌的前后铸加了3个突出的小刺，使马冬季行走时不易打滑。他们改进了当地的水磨，加大了动力，提高了磨面速度。俄罗斯族人鞋匠自己鞣制马皮、牛皮、生产出轻巧美观、经久耐磨的油皮靴，不怕入泥下水。他们制作的毡靴成为新疆人冬季抵御寒冷的首选。他们开办了酿酒厂、酥油吉斯厂、皮革厂、电灯公司、汽车修理厂、莫合烟厂等，为新疆的工业和手工业的发展做出了一定的贡献。他们开办列巴作坊，让列巴从此进入了新疆人的生活。他们开办的制衣店，精心缝制出西服、大衣、布拉吉，他们开办的灌肠作坊，生产加工的香肠、灌肠、熏马肠等，至今影响着新疆人的生活。他们带来了槽子车和制造四轮车的技术，改变了新疆当时交通工具的历史，至今六根棍马车仍活跃在南北疆的城乡地区。

党的十一届三中全会后，俄罗斯族传统文化开始复兴，伊犁恢复了俄罗斯学校，乌鲁木齐、伊犁恢复了东正教堂，塔城、乌鲁木齐相继成立了俄罗斯文化学会、俄罗斯列巴作坊、俄罗斯乐器修理店。俄罗斯民族的复兴证明了中国改革开放的成功和民族政策的深入人心。

俄罗斯族依然存在，但是他们已不是大多数人们想象中“黄头发、蓝眼睛”的形象了。因为现在的俄罗斯族的民族成分中绝大多数是俄华后裔，他们逐渐融入了当地社会生活，但作为一个民族来说，他们仍然在努力地保持和传承着自己的传统习俗。

第一章

源自欧洲

俄罗斯族是我国人口较少的少数民族之一，同时又是一个跨界民族。第六次全国人口普查时，俄罗斯族共 15 393 人，大部分居住在新疆维吾尔自治区的塔城、乌鲁木齐、伊犁和阿勒泰等地区，一部分居住在内蒙古自治区呼伦贝尔盟额尔古纳地区和黑龙江省，少数散居在其他省市。

我国俄罗斯族是俄罗斯移民的后裔，原为白色人种，讲俄语，使用俄文，其语言属于印欧语系斯拉夫语族东斯拉夫语支。俄罗斯族信仰东正教。在迁居我国三百多年的历史进程中，尤其是近几十年来，他们的体貌特征、思想意识、语言文化、风俗习惯都发生了很大的变化，逐渐形成了具有中国特色的俄罗斯族。

第一节　一条小路弯弯曲曲细又长

我国俄罗斯族是历史上由邻国沙俄及苏联逐渐迁移，整个迁移过程到 20 世纪 40 年代基本停止。这个迁移过程漫长、曲折，充满了传奇的色彩。

一、最早定居北京的俄罗斯族人

13世纪前叶蒙古汗国时期，成吉思汗的三儿子窝阔台大汗派手下大将拔都为西征统帅，向当时的伏尔加河一带展开攻势，于1237年攻入斡罗思（俄罗斯），将大批战俘带回蒙古汗国。元史记载："元文宗（图帖睦尔，1328～1332年）时收聚境内斡罗斯（即俄罗斯）1万人，置宣忠扈卫亲军都万户府统率之，驻守于大都（即北京），并拨给田地1万顷，供其耕种。"

15世纪后半期，沙俄不断向我国的黑龙江以北地区实施军事侵略和移民侵占，在沙俄与清军的冲突中，一些被俘的俄罗斯士兵和居民自愿归顺清廷。1644～1685年，先后有约5批200名俄罗斯人被安置在北京。其中不少俄罗斯士兵反戈参加了抵御沙俄侵略的战争，并立了功。为此，康熙特设俄罗斯左领，将他们编入镶黄旗，集中居住在北京东直门内的胡家圈胡同里。

俄罗斯族妇女　（姚远摄）

17世纪90年代，北京成立了一个俄罗斯东正教传教团。1728年，《中俄恰克图条约》签订，俄罗斯东正教正式派传教士团来华。根据《中俄恰克图条约》规定，传教士团每10年换届，每届由4名神职人员和6名世俗人员组成。到 1956 年为止，换届 20 次，先后有 200 名俄罗斯东正教人员定居北京。

二、固守老礼教的吉尔加克人

早期迁居新疆阿勒泰地区的俄罗斯族人是吉尔加克移民。[①] 吉尔加克人是俄罗斯族的一支，俄语叫 КЕРЖАК。吉尔加克人原居住在苏联高尔基省伏尔加河的一条支流——克尔热涅茨河流域，由于坚持信仰旧礼教，反对当时俄国宗教改革后占据统治地位的新教——东正教，因而受到沙皇政府和东正教廷的歧视和迫害，并被称之为吉尔加克人。为了生存，吉尔加克人被迫迁徙，有的逃进深山野林，有的迁居国外。

18 世纪末到 20 世纪初，沙皇在西伯利亚地区的统治逐渐得到巩固，东正教廷势力随之扩大，原避于阿尔泰北部的吉尔加克人再次受到沙皇政府和东正教廷的歧视和迫害，他们中一部分逃入我国。根据民间传说，[②] 早期迁居阿勒泰地区的吉尔加克人大约是在 1830 年前后，经阿尔泰地区的哈萨克族台吉喀喇乌斯满同意，并给他们在布尔津的红木、冲乎儿两地划出避难区，使他们定居下来，后来人口有了较大发展，又在喀纳斯和海留滩开辟了两个居民点。

三、生存的选择

1851 年 8 月，俄国政府利用欺诈手段，与清朝政府签订了《伊犁、塔尔巴哈台通商章程》，先后在伊犁、塔城、乌鲁木齐等地设立了贸易圈，并在贸易圈内盖住房、存货仓库，建教堂、学校等。大量的沙俄商人纷纷涌入伊犁，购买房屋并定居下来。十月革命后，他们中除少数返回苏联外，大多数留居在中国，并加入了中国籍，成了中国的俄罗斯族。

---

①② 《俄罗斯族简史》编写组．俄罗斯族简史．新疆人民出版社，1987：10，11.

1871年，沙俄出兵侵占了伊犁河谷，并将大批俄罗斯人迁居伊犁，实行垦殖，长达10年之久，直至1882年，《中俄伊犁条约》签订后，伊犁回归中国。沙俄军队退出伊犁后，一部分商人和移民滞留在当地。

早在1890年，沙俄的势力已伸到阿山区（阿勒泰地区）。把阿山当作了他们的殖民地，驱其国内的劳苦大众来这里垦殖。据《西北民族宗教史料文摘》记载，1891年，承化街（今阿勒泰）有俄罗斯族136户计294人。进入20世纪，这种行为有愈演愈烈的趋势。据《布尔津县志》记载：民国1年（1912年），帝俄迁移俄罗斯东正教民300余户在冲呼尔、铁列子河等地开垦土地，建立村庄。

1917年苏联十月革命前后，由于种种原因，部分白军官兵和大批难民逃入中国境内。伊犁昭苏县的阿克达拉的俄罗斯村、巩留县的莫户尔的俄罗斯村、霍尔果斯境内三台一带的俄罗斯村、特克斯县今呼吉尔蒙古乡一带的俄罗斯村等就是那个时期形成的。

1920年1月，以阿连阔夫、杜托夫等人为首的五千多名白军，裹挟难民两千余人，先后窜入伊犁。难民就地在伊犁投靠了亲友，大部分白军经过劝导和动员，返回苏联。数百名哥萨克军官和士兵不愿回去，留在了新疆，被安置在奇台，后来其中一部分被遣散到关内；一部分自流到乌鲁木齐，定居谋生。

1930年前后，由于苏联闹饥荒等原因，大批苏联边民越境逃到中国，新疆当局一律给予安排。

1932～1938年，第二次世界大战前夕，苏联远东地区的大批华侨携带俄罗斯族妻子及其子女绕道从伊犁、塔城两个口岸进入新疆。据伊犁的行政官员统计，经过伊犁遣返的华侨有9000余人。这些人被迁至惠远城（今伊宁），其中近千人被安置在霍尔果斯境内，主要聚居在芦草沟、伊车嘎善、大西沟、霍城镇和绥定镇等。[①] 经塔城遣返的归国

---

① 州志编纂委员会．霍尔果斯县志：610.

华侨有一万余人，他们就在塔城地区的城镇和农村安家落户。

总而言之，从19世纪30年代至20世纪40年代的百余年间，俄罗斯人迁居新疆延绵不断。除上面提到的四次规模较大的迁移外，穿插在这些大的迁徙浪潮中的小规模的甚至是个体的迁入从未间断。以上这些迁移活动构成了俄罗斯人迁居新疆的全景。

现在定居新疆的俄罗斯族主要是苏联归国华侨的俄罗斯妻子以及他们的子女。

四、淘金潮的涌动

以额尔古纳河为界的中俄边境线是自1689年9月，中俄签订《尼布楚条约》之后才产生的。根据《尼布楚条约》“双方居民可留原地”的精神，逐渐形成了中国境内有俄国居民，俄国境内有中国居民的局面。

整个额尔古纳河沿岸金矿甚多，素有“金边”之称。清朝后期俄罗斯人就大肆进入额尔古纳河地区开挖金子。1860～1884年，俄罗斯人进入呼伦贝尔盟地界盗采黄金，每年就达15 000余人。1907年，仅额尔古纳右旗一带就有俄罗斯人1000多户，5000余人在此居住，至1912年，多达几千人在此居住。①

据《中东铁路历史概况》称：1907年中东铁路西线在内蒙古呼伦贝尔盟境内的俄罗斯人就达15 790人。另外，还有不少人沿额尔古纳河俄方一侧越境进入中方额尔古纳右旗境内定居。俄国十月革命后，又有大批俄罗斯人来此地谋生，“不少人在呼伦贝尔盟三河流域安家落户，一时间三河地区建起俄罗斯族移民村、屯或中俄杂居村、屯40～50个”。② 据1922年《呼伦贝尔志略》统计，俄人在此仍有9883人。

①② 余建忠，姜勇主编．俄罗斯族村寨调查．云南大学出版社，2003：15，16.

第二节 沿边境线而居

俄罗斯族人定居中国后，其生活居住大格局没有发生大的变化，那就是沿边境而居。一般而言边境地区多是多民族聚集地区，多元文化的土壤更容易相互接纳、生存。

新疆维吾尔自治区位于我国的西北部，面积达 160 万多平方千米，约占中国领土面积的1/6，是中国面积最大的省级行政区。新疆东、南接甘肃、青海、西藏三省，从东北至西南与蒙古、俄罗斯、哈萨克斯坦、吉尔吉斯斯坦、塔吉克斯坦、阿富汗、巴基斯坦及印度为邻，接壤边界线总长约 5400 公里，约为我国陆地边界线总长的1/4，是我国陆地边界线最长的省区。其中，新疆与苏联的共同边界线最长，达 3145 公里，有吉木乃、巴克图、霍尔果斯、吐尔尕特等开放历史 150～200 年的通商口岸。新疆的伊犁、塔城、阿勒泰，喀什等地地处中苏边境地区，自古就是沙俄和苏联的商人、军人和移民的最佳落脚点，更何况自俄中两国签订了《伊犁、塔尔巴哈台通商章程》以来，沙俄在伊犁、塔城、乌鲁木齐等地开辟了贸易圈，这些地方更是成为俄罗斯商人、不堪忍受沙皇的残暴统治的俄罗斯百姓和被苏联红军击溃的白匪军的聚集地或中转站。

呼伦贝尔市位于内蒙古自治区东北部辽阔的大草原上，以前称呼伦贝尔盟。呼伦贝尔市是一个多民族聚居的地方，其中俄罗斯族人口最多的是额尔古纳市，全国唯一的俄罗斯族民族乡——室韦就在额尔古纳市北部，乡政府所在的室韦村（吉拉林）位于中俄两国的河界——额尔古纳河河边，与河对岸俄罗斯村庄奥洛契仅相隔数百米，是额尔古纳市两个国家级一类口岸之一。

迁移新疆的俄罗斯族主要定居在新疆的伊犁、塔城、阿勒泰和乌

鲁木齐，迄今为止，居住环境一直没有太多改变，以上四个地区仍是新疆俄罗斯族的主要聚集地。

迁移内蒙古自治区的俄罗斯族主要居定在额尔古纳市的恩河、室韦、三河、拉布大林等乡镇，还有一些在沿河的村落里。

内蒙古呼伦贝尔的额尔古纳市室韦镇　（萧律摄）

第三节　旧时俄罗斯村落与管理机构

一、俄罗斯村落

在新疆出现最早的俄罗斯村落（посёлка）当数吉尔加克人的村落了。吉尔加克人在清道光十年（1830 年）前后被允许在布尔津的禾木、冲呼尔两地定居下来。后来因经济不断发展，人口日益滋繁，因而又在喀纳斯和海留滩开辟了两个居民点。另有少数吉尔加克人则迁居到伊犁和塔城的山区。

据《布尔津县志》记载：民国1年（1912年），帝俄迁移俄罗斯东正教民300余户到冲呼尔、铁列子河等地开垦土地，建立村庄。

据《西北民族宗教史料文摘》记载：1912年海留滩等地已形成俄罗斯自然村落。1916年，红莫河也已经形成俄罗斯自然村落。

到1933年，禾木的俄罗斯族人多达100多户，[①] 形成大自然村落。另外，开里铁盖、克柯托海也有俄罗斯自然村落。

通过史料查证，1945年以前，阿勒泰地区的禾木、冲乎尔、海流滩、喀纳斯、铁列子河、克勒铁凯、克柯托海等地都出现了俄罗斯自然村落。根据有关资料数字显示禾木俄罗斯村落人数最多，多达100多户，人数最少的是克柯托海只有16户80人。

据《俄罗斯族简史》[②] 记载，1920年10月，白军头目申斯克带着一千余人，冲过边卡，进入塔城，被缴械投降后，其中一部分首恶分子被驱逐出境，大多数则被塔城当局收容、安置在塔城县锡伯图。从此在塔城北山克孜别提一带出现了俄罗斯村落。

据《俄罗斯族简史》记载，1920年2月，由巴奇赤率领的一股白匪军窜入塔城，杨增新收缴了白军的战马和武器，将他们安置在额敏县南山的牧区。据《塔城地区志》记载，民国10年（1921年）5月，又有白卫军2000余人留居额敏县乌什水一带。据《额敏县志》记载，十月革命后，一些富裕的俄罗斯人以及白俄残部逃到了额敏，在额敏县克热克奥沙克（乌什水）地方逐渐形成了一个俄罗斯村。

裕民县察汗托海俄罗斯村的俄罗斯人最初大约是1920年被杨增新缴械后安置在南山的白军以及家属，有七八十户，他们集中居住，形成了俄罗斯村落，时称“归化村”。

---

① 新吾布尔津县委员会文史资料委员会编．布尔津文史资料．新吾八艺印务有限公司，2007.

② 《俄罗斯族简史》编写组．俄罗斯族简史．新疆人民出版社，1987.

新疆巩留县莫乎尔一带的俄罗斯村落是沙俄时代俄国占领伊犁一地（1871～1881 年）时留下来的。另外，新疆伊犁昭苏县的阿克达拉，特克斯县的克孜库勒（今呼吉尔特蒙古乡一带），新源县附近及阿热勒托别镇早期也有俄罗斯人聚集的村落，时称“归化村”，俗称“毛子村”。

除了以上的俄罗斯人自然村落外，还有 1934～1936 年盛世才政权为安置退役的“归化军”官兵所建立的屯垦点——“归化屯”。

“归化军”退伍士兵由政府负责，分别运送安置到伊犁、塔城、阿勒泰、奇台、沙湾及迪化南山等地拨地耕种。伊犁地区主要集中在巩留县，昭苏县的阿克达拉，特克斯县的克孜尔库勒，伊宁县、巩乃斯县（今新源县）等地。塔城地区主要集中在塔城县和额敏县。塔城县主要集中在北山克孜勒别提等处，拨地两万余亩。沙湾主要集中在小拐一带。人员安置情况是，伊犁地区安置约 500 多户，其中托格拉克安置 59 户，阿布拉什安置 25 户，巩乃斯安置 103 户，特克斯安置 290 户，塔城北山等地安置 363 户俄罗斯族耕种。盛世才还将兵源地在伊犁的“归化军”退伍战士 260 户分拨安插到沙湾小拐、奇台等地。当局给他们分配了土地、种子、耕畜、牛羊等。他们修建房屋组成了俄罗斯族农业村落。

以上俄罗斯族自然村落和当局设置的“归化屯”基本上是俄罗斯族聚集的地方。这种民族聚集的环境为俄罗斯族传统习俗的保持发展提供了有力的基础。而由“归化军”官兵组建的“归化屯”，不仅使俄罗斯族的农业取得了一定的发展，而且为新疆的农垦事业做出了贡献。

新中国成立后，主要在 20 世纪 50 年代中期，一批俄罗斯人归苏，其余的逐渐迁居城镇，到 50 年代末期，上述地区的俄罗斯族村落已荡然无存了。目前只有塔城的克孜别提、二工乡，伊犁地区的阿热托别、莫乎尔，阿勒泰地区的冲户尔农村有几十户俄罗斯族人家。

二、自我管理机构

1. 商总、乡约

俄罗斯人陆续迁居新疆后，最初由于语言不通他们总是以一定数量聚集在一起，随着迁入人数越来越多，管理也显得越来越重要，这样就由各地方选举一些有较高社会地位及威望的人担任管理工作，这些人就被称为商总和乡约。据《西北民族宗教史料文摘》记载：阿山区归化族的团体组织很早就有，多少带有农村公社性质。每个农村都有其最高指导者，由省城归化族全权代表派来的“阿尔泰归化族乡约办事处”管理，该处只一人，称为商总。商总和乡约起的作用就是上通政府，下达民意，其工作是：归化族的人口统计，招募新兵，发放归化军眷属给养，解决本民族间纷争，取缔及制止酗酒闹事等违法活动，登记婚姻，调停家庭纠纷，证明合法离婚，证明各种合同文件，发给身份证明书，出行证明书，填发通行证的依据及登记外区俄罗斯人来本地等事项。1942 年新疆省政府为其定性为“社会法团”。[①] 就是说它虽然是自发的组织机构，但拥有一定的权力。一开始这些商总、乡约都是兼职的，但随着事务繁多，成立了商总、乡约办事处，就成专职的了，每月有月薪，资金来自所在地俄罗斯族的募捐。在迪化设有归化族总商总或总乡约，下设伊犁区归化族乡约，塔城区归化族商总，阿山归化族商总，往下是各县、乡级商总或乡约。

据《布尔津文史资料》记载：1945 年 4 月，三区革命政府按原部落派系将各县部落首领名单通知各县，此档案中写有布尔津俄罗斯人的首领、户数、人数。维特合素夫·扎台为赞根，赫尔依诺夫·依玛克、瓦西洛夫·伊万、司提列民科夫为百户长，并任命马卡洛夫为千户长。

---

① 新疆维吾尔自治区档案馆政 2—6—552—74.

2. 归化族文化促进会

1934年，盛世才在苏联的协助下，推行“六大政策”，建立了“新疆民众反帝联合会”。从1935年起，各地各民族纷纷开始建立自己民族的文化促进会。新疆俄罗斯族的爱国群众文化组织——时称“归化族文化促进会”（以下简称归文会）也成立了，总会会址设在迪化南梁俄罗斯族人聚居区，伊犁、塔城、阿勒泰等地都有分会，下设县归文会或乡归文会。归文会的主要宗旨是发展本民族的文化事业。各地归文会成立后，在各地俄罗斯族人聚居地开设俄罗斯学校。一批俄罗斯中小学的建立，满足了俄罗斯族子女学习文化的需要。归文会还创办了自己的会刊——《人民之声报》，会内设有电影院、图书馆、阅览室、剧场。电影院除了放映苏联革命故事片《夏伯阳》、《列宁在一九一八》外，还放映过《壮志凌云》、《孤城烈士》等宣传抗日战争的进步影片。图书馆、阅览室中的杂志和书籍都是宣传马列主义和苏联社会主义革命和建设的。[①]归文会还有自己的演出队，经常在剧场举办话剧、文艺演出和舞会，不仅丰富了俄罗斯族人民的文化生活，而且扩大了俄罗斯族的影响。

俄罗斯族老人　（姚远摄）

① 新疆维吾尔自治区民族事务委员会编. 新疆民族词典. 新疆人民出版社，1995：520.

演出队还经常深入各乡村公演、巡演。带去了传统的俄罗斯话剧、舞剧、舞蹈及自编的文艺节目，受到新疆各族人民的欢迎和喜爱。归文会不仅为发展新疆俄罗斯族的文化教育，传承俄罗斯族的传统文化起到了重要的作用，而且为新疆的文化事业做出了贡献。

1945 年 9 月，张治中来迪化处理新疆问题，在与苏联驻迪化总领事萨维列耶夫会谈时，得知“苏联方面对这个命名（归文会）和‘归文会’的存在感到非常不满，我也认为不好，所以他们一提出撤销这个组织的要求，我就同意了”。① 1945 年 11 月，苏联最高苏维埃主席团先后两次发布命令，授权苏联驻华领事馆恢复中国境内俄罗斯人的苏联国籍。公告发布后，原被称为归化族的俄罗斯人拥有了苏联国籍，新疆出现了大量侨民，归文会的存在显得不合适。1946 年新疆省政府同意撤销归文会。归文会撤销后，次年 5 月建立了苏联侨民协会，简称苏侨会。苏侨会吸收各族人为会员，旨在加强中、苏两国文化交流。

3. 归化民族代表大会

归化民族代表大会是 1935 年俄罗斯族正式列入新疆的少数民族行列后开始召开的。大会按地区召开，时间一般在年末或年初，每年一次，届时召集所属辖区内各县、村的代表参加。会议过程十分规范，一般为期 4 天，每天分上下午召开，会议议程各地虽不尽相同，但大致包括：商总或乡约作上年工作报告；商总或乡约办事处会计、秘书、书记员等作工作报告；检察委员会作报告；文化会作工作报告；归化合作社经理作报告；规定各组织职员名额；规定下一年经费预算；确定下一年全区自由捐助比例分配；推选下一届各组织首领人选；报告商议一些当时的重要事宜及其他。②

---

① 张治中．张治中回忆录（下册）．文史资料出版社，1985：329

② 新疆维吾尔自治区档案馆，政 2－6－552－93

4. 其他一些民间管理组织

俄罗斯族人最初迁居新疆的时候，就由居住在迪化的俄罗斯族商人组建了自己的经济互助组织——俄罗斯经济协会，后来也有归化军军官参加。协会集资办各项贸易和事情，1934 年集资在迪化南梁（今友谊电影院址）俄罗斯族人聚居地修建了俄罗斯俱乐部，有 500 个座位，既可放映电影，又可开大会和举办歌舞晚会，是当时迪化最大的礼堂。1935 年归文会建立后，俄罗斯经济协会将财产移交其接管。

归化合作社是一个营利性机构，主要负责日用品等商品的销售，日常事务由消费合作社经理主管。归化孤儿照护会则主要收养照顾归化族的孤儿，并设有归化孤儿事务代表。迪化归化乡曾呈请省政府将南梁维吾尔族礼拜寺东一块空地拨给日渐增加的归化族孤儿及残疾孤儿做教养地点，但未得到照准。[①] 1944 年省孤儿院改为迪化孤儿院，又收容了 60 名俄罗斯族孤儿，这些孤儿在新中国成立后大都参加了解放军。

各归化屯点的归化屯垦委员会都由本民族人担任，如沙湾县归化屯垦委员会主任由安托诺夫担任。具体的拨地工作则由归化族公举的乡约和委员会共同办理。

这些俄罗斯族自我管理机构只存在于新疆历史上的杨增新、金树仁和盛世才时期。

第四节 从俄人到俄罗斯族

如今的俄罗斯族在其定居中国的历程中经历了从“俄人”、“俄侨”到“归化族”再到“俄罗斯族”等一系称谓。在历史的不同时期，一些俄罗斯人由于不同原因迁移我国定居，时称“俄人”、“俄侨”或

① 新疆维吾尔自治区档案馆，政 1—1—326—50

"白俄"。苏联十月革命后，苏维埃政权向全世界公开宣布，放弃帝俄在国外获得的一切侵略利益，以平等的态度对待一切国家和民族。[①] 因此，留居中国的俄罗斯人失去了政治和经济上的特权，不再有什么优越感，开始与中国各族人民平等相处。在金树仁统治时期（1928～1933年），新疆当局开始为十月革命后进入新疆的白军和难民办理"归化"手续，使其取得中国国籍。这些人中有的依法取得了中国国籍，有的未取得中国国籍，成为无国籍者。自民国22年（1933年）以来，统称这类人为归化族，居住的村庄称为归化村，并把当时新疆当局招募的由俄罗斯人组成的军队称为归化军。

在20世纪30年代，由俄罗斯人组成的归化军为保新疆的稳定，在击溃甘肃回族军阀马仲英和马赫英，在推翻金树人统治的"4·12"政变中起过重要的作用，提高了他们的社会政治地位，并为俄罗斯族争得了荣誉。1934年，新疆召开第一次民众代表大会，俄罗斯族以归化族的名义出席了会议。1935年，新疆召开了第二次民众代表大会，会上对少数民族的划分和称谓作了具体规定，并通过了相应的决议案，俄罗斯族以归化族的名义正式加入了新疆十三个民族的行列。大会闭幕后，又在各行政区成立了新疆民众联合会，会中都选有一定名额的俄罗斯族代表。俄罗斯族被政府承认为少数民族之一，正式加入了中华民族的大家庭。这个政策促使更多的俄罗斯人加入中国国籍。

归化族，按其字面意义讲，是指原非中国国籍而在法律上取得中国国籍的中国人。但在新疆，所谓归化族是专指非苏联籍的俄罗斯人与其他欧洲人，是旧中国政府在公开场合下对俄罗斯族的早期谓称，带有蔑视意味，俄罗斯族人心中并不认可，他们始终自称为俄罗斯族。同时当地的维吾尔、哈萨克等民族也将其称之为"乌鲁斯"（音译），即"俄罗斯人"之意。

① 《俄罗斯简史》编写组．俄罗斯族简史．新疆人民出版社，1987：21.

1953年新中国开展了第一次全国人口普查，民族识别首先被提上民族工作的日程。在此过程中，许多原来带有歧视性的民族称谓得到改变。其中就将“归化族”改为“俄罗斯族”，顺应了俄罗斯族人民的愿望。

第二章

原汁原味的口承民俗

俄罗斯族是一个跨界民族。迁居中国三百多年以来，他们继承了苏联俄罗斯人的语言、文学，并以口头的形式一代一代承传至今，使这一同源的文化在不同的社会环境和文化氛围中独树一帜。

第一节　童话般的民间故事

俄罗斯民间故事是在俄罗斯族人民群众中流传的一种民间口头文学形式，是俄罗斯族人民精神文化的主要支柱之一。这些民间故事运用口头语言创造了各种艺术形象，充分发挥了其丰富的想象力，表现了崇高的境界和审美情趣，是俄罗斯族教育儿童的教科书。

在俄罗斯族中，广泛流传的民间故事主要有生活故事、动物故事、寓言故事、传说故事等。

生活故事的主题是：惩恶扬善，歌颂勤劳善良，批判懒惰、邪恶。民间故事《寒冷老人》讲述的就是这样一个故事：从前有个老头和老太婆，他们各自都有一个亲生女儿。老太婆非常娇惯宠爱自己的女儿，却不喜欢老头的女儿，把所有的活推给她干，还不停地责骂她。老头

的女儿从不拒绝干任何活，让她干什么她就干什么。邻居们看在眼里，都说老太婆的女儿是个懒女人，什么活也不会干。老太婆一心想把丈夫前妻的女儿害死。有一回老头进城赶集去了，老太婆就和自己的女儿商量：既然我们那么恨她，就趁这个机会把她害死吧。老太婆叫来丈夫前妻的女儿，命令她说："你到森林里去捡一些干树枝。"姑娘说："我们家里有足够的干树枝呀。"老太婆跺着脚大喊大叫起来，并冲过去和女儿一起把姑娘推出农舍。没有办法，姑娘只好到森林去了。寒风吹得树枝啪啪作响，狂风怒吼着。老太婆和自己的女儿坐在暖和的屋子里，想："她回不来了，可恨的东西，一定会冻死在森林里。"姑娘来到森林，在一棵高大的柏树前停下来，她不知道该往哪里去，去干什么。突然传来折断树枝的咔嚓声，寒冷老人从树上飞跃而来，停在姑娘面前，说："你好，美丽的姑娘，你怎么穿这么少衣服来到森林?"姑娘对他说，不是她自愿到森林里来的，并告诉了他实情。听了姑娘的话，寒冷老人说："既然你来到了我的森林，请告诉我，你会做什么，你用这块粗麻布给我缝一件衬衫吧。"寒冷老人给了姑娘一块粗麻布、针和线，自己就走了。姑娘什么也不想了，立刻动手干起来。手指冻僵了，她呵口气，暖一暖，又继续干，就这样不停地缝了一夜。早晨。寒冷老人来了，他看了一眼衬衫称赞姑娘说："你干得很好，应该有奖赏。"他给姑娘穿上了貂皮大衣，围上了花围巾，把她带到大路上，又在她面前摆了一个铁皮箱子，然后对姑娘说："再见了，美丽的姑娘，会有善良的人帮助你，把你送回家的。"说完寒冷老人就不见了。

老头从集市回到家，问道："我的女儿在哪儿?"老太婆说："她昨天到森林里去了，到现在也没回来。"老头听后大吃一惊，立刻往森林奔去。在森林边的大路上，他发现女儿穿着漂亮的衣服坐在路边，一副愉快的样子。他让女儿坐在马拉雪橇上，又把寒冷老人送的装着礼物的铁皮箱子放在雪橇上，赶着马回家了。老太婆和女儿在屋子里喝着热茶，吃着甜点，议论着："瞧吧，她不会活着回来的。"突然，小狗在火炉边汪汪地叫："老头的亲女儿回来了，还带回了一箱珍贵礼物。老太婆的女儿没人娶。"老太婆把煎饼和油炸包子扔给狗吃，又用火钩打它，让它闭嘴，但小狗仍然不停地叫着。这时，门开了，姑娘走进屋，她穿着漂亮的衣裳，两腮通红，她身后有人抬进来一口大箱子。老太婆和女儿见到箱子惊慌起来，连忙帮着抬到凳子上并问道："你是从哪儿得到的这么多礼物？"当老太婆得知这是寒冷老人送给姑娘的礼物时，便忙了起来。先是给自己的女儿穿好衣服，围好头巾，又把一包油煎包子塞到女儿手中，然后吩咐老头用马拉雪橇把女儿送到森林去。老太婆说她会带回两只这样的箱子。

老头把老太婆的女儿拉到森林里，把她留在一棵高大的云杉下。她站在那里四处张望，抱怨说："这是什么寒冷老人，怎么还不来，跑到哪里去了。"这时传来树枝断裂的咔嚓声，寒冷老人从树上飞跃而来。他问姑娘："你怎么到我这来啦？"姑娘说："你难道不明白吗？我是为贵重礼物而来的。"寒冷老人说："你先说一说，你会干什么，给我织一副手套吧。"寒冷老人给了她编织针和一团毛线，就走了。老太婆的女儿把编织针扔到雪上，用脚把线团踢开，自言自语地说："从来没有见过，也没听说过，这么冷的天织东西，手指头会冻掉的。"早晨寒冷老人来了，他说："美丽的姑娘，请让我看一看，我交给你的工作完成了吗？"老太婆的女儿冲着寒冷老人嚷道："什么工作？你这个老疯子，难道你瞎了，看不见吗？我在这儿都快冻僵了。"寒冷老人说："就这个工作也能得到奖赏啊！"寒冷老人摇了摇大胡子，立刻刮起暴风雪，越刮越大，所有的林间小路和大路都被雪填平了。老太婆的女儿也被雪埋住了，寒冷老人消失了。老太婆一大早就把老头叫醒，让他去接她的女儿，自己开始做煎饼和油炸包子。这时小狗坐在桌子底

下，不停地叫着："老头的女儿快要出嫁了，老太婆的女儿回不来了。"老太婆先是给小狗煎饼和油煎包子，然后用火钩狠狠地打它，让它闭嘴，但小狗还是不停地叫着："汪、汪、汪，老头的女儿快出嫁了，老太婆的女儿去森林回不来了。"老太婆不安起来：也许我的女儿确实遇到了不幸，也许我的女儿在路上把贵重的礼物弄丢了？她穿上皮衣，围上毛围巾，迈着大步去追老头。暴风雪更大了，完全把路盖住了，老太婆迷了路，大雪把她吞没了。老头在森林里找呀找，也没找到老太婆的女儿。他返回家中，老太婆也不见了。他召集邻居和他一起找，他们找了很久，找遍了每一个雪堆，也没找到她俩。剩下老头和女儿一起生活。春天来了，有一个善良的小伙子向姑娘求婚，他是一个铁匠。他们举行了热闹的婚礼，生活得非常幸福、和睦，一直到现在。

俄罗斯民间故事中有关动物的故事非常多，这类故事主要有《狐狸大婶和狼》、《狼和小山羊》、《狐大婶和擀面杖》、《熊和小女孩》、《小鸭子的故事》等。俄罗斯民间故事里把狐狸称为"狐大姐"、"狐大婶"，这是俄罗斯民间故事的一个显著特点。这些故事语言自然流畅，通俗易懂，内容贴近生活，能引起儿童的极大兴趣，启发和培养他们机智、勇敢、善良的品质。另外，这类故事把狐狸的奸诈狡猾，狼的贪婪愚蠢，山羊的善良软弱，熊的笨拙憨厚，刻画得淋漓尽致，给人深刻的启迪。

民间故事《狐狸大婶和狼》讲述了这样一个故事：一只狐狸在大路上奔走着，突然它看到一个老头赶着马，拉了满满一雪橇鱼。狐狸想吃鱼，它赶快跑到前面去，躺在路中间，装作死了一样。老头走近了狐狸，但它一动也不动，老头用鞭子捅了一下它，仍然没反应。老头想：这只狐狸的皮很好，可以为老太婆做皮大衣的领子。他拿起狐狸放在雪橇上，又在上面盖了个东西，自己走在前面。狐狸一心想得到鱼，它向四周张望了一下，就开始悄悄地把鱼从雪橇上往下扔，一条接一条全扔下去后，它也离开了。

老头回到家对老太婆说："喂，老太婆，你瞧，我给你带来一条多好的毛领子。""在哪里?"老太婆问。"在那儿，在雪橇上，有鱼也有毛领子，你去拿。"老头回答说。老太婆走近雪橇一看，既没鱼也没毛领子。她走进屋里说："雪橇上除了盖布什么也没有。"老头大吃一惊，难道狐狸没有冻死，慢慢缓过来了。而这时候狐狸正在收拾路上的鱼，把鱼拢成一堆，便坐下来开始吃。一只狼走到狐狸跟前打招呼说："你好，狐狸!""你好，狼。"狼又说："给我一点鱼吃吧。"狐狸揪下鱼头扔给狼。狼吃完后说："狐狸，你真好，再给我一些。"狐狸把鱼尾巴扔给它。狼吃完后又说："狐狸，你真好，再给我一些。""你真是的，自己去钓鱼吃吧。"狐狸说。狼说："我不会呀。"狐狸说："你真笨，瞧，这是我自己钓的。你到河边去，把尾巴伸进冰窟窿里，一边坐着，一边念叨：'大鱼小鱼快上钩，大鱼小鱼快上钩。'鱼儿就会咬住你的尾巴，坐的时间越长钓的鱼越多。"狼跑到河边去，把尾巴伸进冰窟窿里，坐着口中念叨着："大鱼小鱼快上钩，大鱼小鱼快上钩。"狐狸也跑来了，它在狼周围走来走去，口中念叨说："狼的尾巴快冻住，狼的尾巴快冻住。"天亮了，有个农妇来河边担水，看到狼和狐狸就大声喊叫起来，狡猾的狐狸闻声逃跑了，可怜的狼因为尾巴被冻住了，跑不了。几个农妇闻声赶来，一起举扁担打狼，狼为了逃命只好挣断了尾巴。狐狸逃进了一个农舍，不小心掉进了面桶，粘了一身面粉。狼和狐狸又相遇了，狼责怪狐狸扔下自己逃命跑了，害得它丢了条尾巴。狐狸说："哎，狼啊狼，你只是断了一条尾巴，而我的头被他们打坏了，你瞧，脑浆都溢出来了，我勉强支撑着。"狼说："你要到哪里去，狐狸，骑到我背上来，我背你去。"狐狸骑到狼背上，狼背着它走。狐狸骑在狼背上小声地念叨着："挨打的背着没挨打的，挨打的背着没挨打的。"狼问："狐狸，你在那说什么呢?""我在说挨打的背着挨打

的。”狼说：“你说得对，狐狸，是挨打的背着挨打的。”狼把狐狸背到它的洞穴，狐狸跳下来溜进洞穴，便开始嘲笑狼说：“狼没有智慧和头脑，所以它丢了尾巴。”

俄罗斯民间传说故事多与俄罗斯族的社会事物相关，多以俄罗斯族的生活、风俗、信仰为对象，从一个方面说明了某事物的产生根源和来历，把事实和虚拟交织在一起，有一定的历史性。

《复活节红蛋的传说》就是这样一个故事：一天清晨（星期日），一个农妇听到了母鸡咯咯咯的叫声，就起身向鸡舍走去，看到母鸡下了一个红色的鸡蛋，感到惊奇，便伸手去拿。这时村里传来了“耶稣复活了！耶稣复活了！”的叫喊声。农妇也举着红蛋跑了出去，人们看到了农妇手中的红蛋，听到了“耶稣复活了”的消息，奔走相告。以后每年这天（“复活节”这天）人们都要煮鸡蛋，并染成红色，以示纪念耶稣复活。后来这一天就成了俄罗斯的“复活节”，而“复活节”吃红蛋也成为俄罗斯族的一个习俗，所以“复活节”又俗称“鸡蛋节”。

俄罗斯民间故事有较强的时代印记和地方色彩，它从一个侧面反映了俄罗斯人的生存环境、生活习惯、思想感情，如大雪、寒冷是他们的生活环境；木屋、俄式大炉灶、木制雪橇是他们的生活工具；鱼、鸡蛋是食物；鸽子是敬物，山羊是朋友，狐狸和狼是敌人。实际上俄罗斯民间故事就是了解俄罗斯族生活习惯及其精神面貌的一个窗口。

第二节　田野小河边红莓花儿开

俄罗斯族是一个能歌善舞的民族，俄罗斯民歌是人民群众的心声。它反映了劳动人民的思想感情，精神寄托，与劳动人民的生活血脉相连，富有强烈的民族感情和特征。

中国俄罗斯族人继承并保留了苏联时期的俄罗斯民间歌曲，这些歌曲曾流行于20世纪三四十年代，一直被中国俄罗斯族流传至今。俄罗斯民歌的特点是四句一段，一首歌往往有很多段。语言朴实，如同诉说。常常是几个或十几个人聚在一起，边喝茶边唱民歌，这或许是一种民族感情、民族精神的寄托。唱民歌的时候，往往是一个人领头唱头两句，众人合唱后两句，并重复一遍，而且合唱时自然地分高低音双声部。

爱情是永恒的主题。俄罗斯民间歌曲中很多是反映爱情的民歌，它们表现了青年人对爱情的向往和美好憧憬，以及大胆追求爱情的勇气，但爱情带给人的不仅是喜悦、幸福和美满，也有痛苦和悲伤。下面几首关于爱情的民歌，给我们解读了爱情的酸甜苦辣。

喜爱演唱的俄罗斯族　（滕春华摄）

《山楂树》是一首古老的民歌，曲调忧伤压抑，通过山楂树的倾诉，表现了俄罗斯青年对自由、爱情的向往。歌词中这样唱道：

你为何摇摆着身子，纤弱的山楂树；你为何垂着枝头，为什么佝偻着腰枝?

这条大路的那边，有一条宽阔的大河；河那边有一棵橡树，它长得粗壮又高大。

如果有这种可能，山楂树能移到橡树旁；我的树枝也不会弯曲，我的树枝也不会折断。

我会展开纤细的枝条，把橡树紧紧拥抱；我会不分昼夜，

和它絮絮交谈。

但是人们不允许，不允许山楂树移到橡树身边：因为命运就是如此，注定要一辈子孤独孤独漂泊。

孤零零的山楂树，在风中摇摆不定，有一天突然起了风暴，可怜的山楂树被刮断。

姑娘你为何伫立？垂下了长长的睫毛。我送走了我的朋友，送他到遥远的边疆。

民歌《白雪》通过姑娘委婉的诉说，让我们感受到了一段伤感、冰冷的爱情回忆。

北风呼啸雪花飞舞，夜晚遮盖了这条小路；就在那条蜿蜒的小路，我曾和心上人并肩散步。

你是否还记得那次相遇，你对我诉说的滚烫话语；你为何忘记了那一切，忘记了当时的每时每刻。

我怀念过，等待过，在心中默默地呼唤过；那条小路刚刚被遮盖，所有的记忆便都不存在。

北风呼啸，雪花飞舞，夜晚遮盖了这条小路；就在那条蜿蜒的小路，我曾和心上人并肩散步。

民歌《美丽的少女》给我们展示了一个灰姑娘的故事。

河岸边坐着一位少女，她在用丝线进行编织，她绣的地毯如此美丽，但丝线已所剩无几。

请上来吧，上船来，美丽的少女请上来，我会满足你的愿望，我会给你需要的丝线。

少女登舷，船即扬帆，英俊的海员没兑现诺言，而是深情地唱起了歌，倾诉来自远方的爱恋。

我们姊妹仨中一个嫁了伯爵，另一个的丈夫是公爵，我是最小、最可爱的一个，却要作普通海员的老婆。

亲爱的你不要担心，请抛开忧伤和难过，如果想知道我是谁，国王的儿子就是我。

《你别烦我》反映了一个姑娘的忠贞爱情。

你别来烦我，别烦我，也不要对我幻想和猜测，即便是你从村口过往，也不要向我窗口张望。

不要白费笔墨写情书，也不要把照片送给我，虽然蓝眼睛有诱惑，但我偏偏爱褐色。

我和他如此相爱，今生今世不分开，只要他从前线返回，傍晚我们就会相约。

我们用年轻、热烈的手臂，深情地拥抱，融化在心底，我会在那个晚上告诉他，是命运安排我爱上了他。

对你我只有一个请求，请不要无望地把我追求，我会请你参加我的婚礼，会让你从此死心塌地。

《我爱你》反映了一个深陷情网不能自拔的女孩的心理。

你亲吻过我的嘴唇，你看穿了我的内心，现在你已不再爱我，我痛苦却更加痴情。

看出了你的欺骗，听着你编织的谎言，我不期待有所改变，只是爱你无悔无怨。

你永远不会明白，我会对你如此溺爱，因为你的欺骗和谎言，被我看成爱情的誓言。

也许有人在诅咒我，说我不能进入天国，一切由命运去安排，我爱你痴情不改。

我随手打开了门，我随口讲给他听，快请进来，我心爱的人，我爱你一往深情。

你也许永远不会明白，我会对你如此溺爱，因为你的欺骗和谎言，被我看成爱情的誓言。你的欺骗和谎言，被我看成爱情的誓言。

《柳树》表现了一个失恋少女的倾诉。

亲爱的柳树啊，柳树，枝条婀娜，绿枝满树，你们是否谈情说爱，如何把爱的话语表白。

在门前高高的台阶上，我遇到了梦中情郎；遇见了他，爱上了他，心中的情话讲给他。

小船在水面漂荡，轻轻向岸边漂荡；小船向岸边漂荡，爱情却泡了汤。

亲爱的柳树啊，柳树，婀娜多姿，常青永驻；你们是否谈情说爱，如何把爱的话语表白？

《在草原上》表现了一个小伙子大胆追求爱情。

在广袤的草原上，有我熟悉的小屋，在我熟悉的马群中，有我最爱的一匹。

欢乐吧，我的马儿，趁你自由自在，一旦被戴上笼头，你就得俯首帖耳。

一个壮小伙逮住了马，把笼头套给了它，用马刺触动了它的肋部，马儿像箭一样飞出。

马儿，奔驰吧，飞快地奔驰，在我心上人的门口，稍作停留歇息。

你腾空举起前蹄，把院门轻轻敲击，把美貌的姑娘唤出来，她的眉毛乌黑浓密。

心爱的姑娘没出现，她的母亲来到门前，“你好。亲爱的女婿，赶快进到屋里。”

我没有进客厅，直接进了闺房，我要打断她的美梦，我要唤醒心上的人。

心爱的姑娘苏醒，双臂把我搂紧，一边讲述自己的美梦，一边把我亲吻。

《春天》这首歌表现了俄罗斯族人民热爱大自然，渴望新生活，不断追求的民族精神。歌词中这样唱道：

草儿开始变绿，阳光普照大地。燕子带着春的气息，在我们的门廊上栖息。

燕子的来临使阳光灿烂，春光更明媚：它刚结束了征途。就赶来为我们报喜。

我喂你一些食物，你为我们献一只曲，你从遥远的地方赶来，为我们带来了什么消息？

《蓝色的气球在空中飘》则是一首轻松愉快的爱情歌曲，表现了小伙子对爱情的勇敢执着。歌词中这样唱道：

蓝色的气球在空中飘，蓝色的气球在头顶上绕，在空中飘，想往下掉，姑娘的爱，小伙子想得到。

这是哪条街道，哪栋房，我心上的姑娘在何方？就是这条街道，这栋房，这就是我心上的那位姑娘。

民歌《可怕的寒冷》则反映了马在俄罗斯人心中的重要位置。

可怕的寒冷，你别冻坏我，你别冻坏我，还有我的马。
我的那匹马，是匹白鬃马；我可爱的妻，吃醋疑心大。
我可爱的妻，漂亮又美丽；等待我回家，担心又受怕。
当我赶回家，黄昏日落下，我先拥抱妻，再饮我的马。
可怕的寒冷，你别冻坏我，你别冻坏我，还有我的马。

民歌《小木屋》也是一首古老的民歌，它表现了母亲等待儿子时忐忑不安的心情，以及母子间的深情。

古老的木屋里有个老太太，她在等儿子，等不来，老人睡不着，心儿怦怦跳，手中的活儿干不好。

——老人睡不着，心儿怦怦跳，
手中的活儿干不好。

火苗卷着麦秸在烟囱中飞舞，公猫在睡觉，打着呼噜，你盖上披巾，安心睡一觉，儿子很快会来到。

——你盖上披巾，安心睡一觉，
儿子很快来到。

天刚蒙蒙亮，有人影在街上，不归的人儿脚步匆忙，他走进家门，他摘下手套，把母亲紧紧拥抱。

——他走进家门，他摘下手套，

把母亲紧紧拥抱。

他深情地望着母亲的脸庞，轻轻地叹息，热泪盈眶，祥和又美满，老人闭上眼，儿子的话语响耳边。

——祥和又美满，老人闭上眼，

儿子的话语响耳边。

第三节　幽默诙谐的智慧——“恰斯杜什卡”

“恰斯杜什卡”是俄罗斯族流行民谣的音译，它是一种韵律极强的俄罗斯民间短小歌曲，是俄罗斯民间文艺的独特形式。“恰斯杜什卡”具有极强的生命力，从古至今，被民间歌手们不断地即兴创作，它的数量无穷无尽。俄罗斯民间歌谣每首由四行诗组成，各自独立，可现编现唱，无穷无尽。民谣多表现了日常生活和爱情方面的内容。俄罗斯族流行歌谣的语言通俗、简洁，风格幽默、夸张、诙谐；节奏明快，韵律强，易上口，因而大多可作为俄罗斯族传统民间单人舞——踢踏舞的伴奏歌曲。俄罗斯人把民间善唱民谣的男性歌手叫作“恰斯杜舍其尼克”（音译）；把女性歌手叫作“恰斯杜舍其尼嚓”（音译），可见流行民谣深受欢迎的程度和普及性。

提起这事难为情，我爱上一个意中人；严寒忘记围头巾，一心只想会情人。

妈妈我想喝杯茶，喝杯刚刚沏的茶；心中烦闷不开心，错把傻瓜当情人。

妈妈请别责怪我，是我碰翻了酸奶酪；只因阿辽沙从窗前过，搞得我丢魂又失魄。

亲家公喜洋洋，果园招待亲家娘；亲家你快吃樱桃，专门把那甜的挑。

茨冈说与意中人，桌上摆满啤酒瓶，今天我俩喝个够，今天我俩定终生。

我现在不想喝茶，不想喝那兰壶的茶，只想和情人在一起，而且还得是当官的。

亲爱的你要去跳河，得先和我来告别；我会领你到河边，指给你深处好升天。

我家有头黑奶牛，每天挤奶从不漏；我的情人喜欢我，不会变心离开我。

妈妈我爱炊事员，他打呼噜震破天；肉汤开了听不见，为此我爱炊事员。

给我倒上一杯酒，今天我要喝个够；把我的情敌叫过来，我要和他来决斗。

亲爱的我去照了相，就是照片不咋样；耳朵长在脑门上，眼睛长在肚皮上。

情人站在门当中，咧着大嘴笑盈盈；过往行人分不清，哪是嘴巴，哪是门?

我为情人缝烟袋，只能当作手套戴；情人到处夸奖我，说我手艺真不赖。

我爱上一个飞行员，以为他飞行在蓝天；有天我去机场转，发现他是清扫员。

我曾多次发过誓，不伴手风琴唱歌；但是手风琴一响，我的誓言全泡汤。

手风琴拉起来，灵巧的手指多轻快；黑色的眼睛黑眉毛，褐色的头发是卷毛。

不要抹粉打胭脂，不要烫发费心思；如果谁要看上你，怎么也会爱上你。

手风琴手长得帅，做我的情人可不赖；就是站上一晚上，也想不起回家来。

没有夏天就没有七月，没有七月就没有鲜花；没有亲吻就没有爱情，有了亲吻那才叫爱情。

蚊子不停叮咬我，盼望一阵风吹过；都说情人不爱我，但他每天来找我。

我爱钢筋的大雪橇，高大的马儿拉着跑；我要情人劳动好，还要魁梧长得高。

第四节　在美丽的童话世界里

童谣是适合儿童心理和趣味的儿歌，也是儿童启蒙教育的第一课。通常由奶奶和父母教授。俄罗斯族童谣的内容多反映了日常生活熟悉的动物或事物，语言生动有趣，没有说教的意味。俄罗斯族童谣同歌谣一样韵律性很强。

公猫给母猫来送礼，一双半腰软靴子；母猫不愿穿软靴，更不愿意穿套鞋。

公猫你到我家来，哄睡摇篮小猫仔，公猫你要听清楚，报酬我会给你付：给你一罐鲜牛奶，还有一块果酱排。

公鸡，公鸡，大公鸡，金色的冠子多神气，为何早早把床起，不让别佳多休息。

红苹果，真可爱，滚来滚去好自在，如果落在我口中，永远别想再出来。

第五节　温馨的摇篮曲

摇篮曲是母亲催婴儿入睡时小声吟唱的一种歌谣，它比童谣要长。俄罗斯摇篮曲的韵味也比较强，每两行诗都要求押韵。

大雄鸡，喔喔啼！
给亚沙缝件羊皮衣，
帽子得用海狸皮，
靴子得用山羊皮。
——衣服当然要缝制，
还要给亚沙唱歌曲。

喵喵喵，大狸猫，
你快去到集市跑！
请你买只小羊羔，
请你逗乐小宝宝。
——狸猫买回小羊羔，
而且逗乐小宝宝。

哞哞哞，小黄牛，
树林蜂场走一走，
你求蜜蜂给点蜜，
赶快带着回家里！
——小牛跑着去树林，
带着蜜蜂往回奔。

俄罗斯族母女　（姚远摄）

小鹅嘎嘎真淘气，
扇点凉风出点力，
请别吝惜白羽毛，

阳光底下把眼耀。
——瞬间一阵微风起，
小鹅为亚沙出了力。

我说耗子你别抖，
贮藏室里走一走，
找上几块小木板儿，
做把三弦弹着玩。
——不是一把是五把，
做好送给亚什卡。

宝贝儿子你快睡，
噢，噢，快入睡。
小耗子睡在摇篮下，
小猫早旁边打瞌睡。
——弟弟在睡，公鸡在睡，
淘气的小鹅也在睡。

浓浓的睡意，
沉沉的梦，
亚沙慢慢闭眼睛，
童话故事讲不尽。
周围一切真宁静，
伴着宝贝入梦境。

第六节 飘在“嘎尔莫什卡”中的旋律

说到俄罗斯人的音乐和舞蹈离不开手风琴，俄罗斯人使用的手风琴是键钮式手风琴，即俄式手风琴，俄语叫 гармоника，гармония 或 гармонь，音译为“嘎尔莫尼”或“嘎尔莫什卡”。手风琴是从 19 世纪 30 年代起流行于许多国家的一种管乐器。在俄国，手风琴自发明起就在民间非常流行，是俄罗斯人民最喜欢的一种乐器。俄罗斯手风琴的体制与别国手风琴不同，它是与俄罗斯民歌的调式一致的。俄式手风琴是键钮式手风琴，有大、小，单排键、双排键和三排键之分，一般流行的是一种俄罗斯体制的双排式手风琴，上面装有右手弹奏的分成两排的 23 个音键和左手弹奏的带有现成和弦的 12 个低音键。

俄罗斯人都喜欢听手风琴演奏，听到手风琴的演奏，身体中的血液就沸腾，就想去跳踢踏舞，就想唱俄罗斯民歌。可以说，俄罗斯民歌和俄罗斯踢踏舞就是中国俄罗斯族人的精神支柱。

手风琴演奏 （谢苗提供）

踢踏舞俄语中叫“阿吉努什卡”（音译），即单人舞，是俄罗斯族传统民间舞蹈。汉语名称源于跳此舞时皮鞋底踏跺地板发出的踢踏声。俄罗斯族除了葬礼、葬后宴上不跳舞外，其他任何时候都可以跳，而且人人都会跳。跳踢踏舞没有性别、年龄、人数之分，只要场地允许，只要手风琴一响，谁都可以跳。所以俄罗斯族人在家宴、婚礼、聚会活动、林中草

地、田间地头等处，只要听到手风琴的伴奏，就会情不自禁地跳“阿吉努什卡”。其欢快场面淋漓尽致地表现了俄罗斯族热情奔放的性格。踢踏舞的动作主要是腿脚，手臂只是随节奏随意地作一些辅助动作。男子主要是双臂自然下垂随节奏摆动、脚下作踏、跺的动作，或交叉双臂于胸前，一蹲一起作踢腿动作；妇女脚下的踏、跺动作没有男子用力，或双脚轮换交叉跳动；或双脚轮换抬高跳动；或踏跺地面，手臂自然下垂随节奏摆动，或双手扯起披巾的两角，或单手摇动手绢等。俄罗斯族的手绢舞、披巾舞由此得名。此舞主要是以个人为单位跳，也有男女对跳的。跳踢踏舞只需要手风琴伴奏就行了，此时常有妇女在一旁唱起幽默、诙谐的流行民歌助兴。

第三章

阿里鲁亚——荣耀的王

第一节　宗教信仰

在新疆的俄罗斯族大多数信奉东正教，小部分人信奉其他教派。

正如马克思所指出的："东正教不同于基督教和其他教派的特征，就是国家与教会，世俗生活与宗教生活混为一谈。"俄罗斯族民俗文化在某种程度上来说就是东正教文化。信仰、生活、习俗中浓厚的宗教仪式与心理至今仍支配着俄罗斯人的精神生活。

一、东正教（ПРАВОСЛАВИЕ）

东正教是基督教的三大派别之一。基督教产生后不久，就逐渐分化成以希腊语地区为中心的东派教会和以拉丁语地区为中心的西派教会。1054 年，东西两派正式分裂，以君士坦丁堡为中心的大部分东派教会自称正教，意为保有正统教义的正宗教会，因为是东派，故又称东正教。

东正教同其他两大教派一样，都以《圣经》为经典，基本教义相同，信奉三位一体（圣父、圣子、圣灵）的上帝，相信天堂地狱、末

日审判等。东正教除信守一切传统教义外，还信守前七次大公会议的决议；除主教外，一般神职人员可以婚娶；不接受罗马教皇的领导，只承认他是“罗马教主”和“西部教会的牧首”。

1. 东正教堂

俄罗斯东正教传入中国大约始于14世纪的元代。东正教堂是传播东正教的主要场所，同时是举行宗教仪式和举行祈祷会的主要场所。教民每个星期天都要去东正教堂做集体祈祷。教堂从教民中募集善款用于教堂的建设、维修。

俄罗斯东正教堂基本是呈立方体的建筑，外部结构雄伟、宏大、挺拔，但内部空间较小。根据教堂的规格和功能，外形建筑风格也有所不同。

1991年新建的乌鲁木齐东正教堂是哥特式建筑，窄长的拱形窗、双扇拱形门。教堂主体建筑有二层楼高，基本呈方形。教堂正面屋顶上有一个小钟楼，教堂顶上四角各修有一个葱头形小穹，正面顶上有一个主塔，主塔上修有一个大型的葱头形穹隆，这些大小葱头形穹隆是地地道道的俄罗斯民间产物，穹隆顶上高竖着东正教十字架。整体建筑高耸挺拔，造型独特。

教堂呈东西走向，正门朝西，门前有一个向外伸延的廊檐，用两根圆柱支承，廊檐下是一个月台，三面各有几阶台阶连接地面，廊檐和教堂建筑连为一体。

教堂内部建筑分三个部分：（过厅）前厅、正厅、后厅，三个厅之间都有门连通。进入教堂正门，即是前厅，前厅比较小，这里是教徒购买蜡烛、自愿捐赠、问询事务的地方。穿过前厅，进入正厅，正厅是教堂的主体部分，是进行宗教活动的主要场所。正厅内部是由具有民族风格的图案花纹、宗教信物、精美的圣像、蜡台等装饰、布置而成，正厅顶部有一盏吊灯，四壁有壁灯。另外正厅的四壁上挂满了耶稣、圣母和诸圣徒的画像，形成了“圣像墙”。圣像前摆放着供教徒敬献蜡烛的落地大蜡台。正面墙是祭坛，最上端中央高悬着耶稣受难的巨大十字架，十字架下是达·芬奇的著名油画《最后的晚餐》。正面墙上有三个并列的拱形门，四个圆柱。门后是后厅，是用来存放教堂的圣器和神职人员工作的地方。中间是双扇门，较两边的高大，门上有东正教十字架图案，十字架图案上方有一对白鸽的图案。

正面墙前的地面是一块高出地面的讲坛，讲坛前有一个方柱体、斜面的读经台，是神甫讲经布道的地方。四面墙壁众圣徒画像前均有高大的蜡台，供教徒祈祷时摆放蜡烛之用。在举行宗教仪式和礼仪时，蜡台上插满了点燃的蜡烛，整个教堂灯火通明，烛光万点，十分隆重、肃穆，圣乐团进行演奏，众圣徒同声唱圣歌，使人陶醉于圣乐和圣歌之中。

党的十一届三中全会以后，随着民族政策的进一步落实，东正教也逐步复苏。1985 年，新疆维吾尔自治区政府和乌鲁木齐有关部门在新东街 8 号征购了几间民房，作为俄罗斯族临时东正教堂，以满足俄罗斯族东正教民的宗教生活。这个教堂于 1985 年 9 月 27 日，新疆维吾尔自治区成立 30 周年前开放，同时也开始了新教堂的筹建工作。1991 年，新的东正教堂建成并正式使用（在原地）。新教堂内没有神甫，只有以阿克谢尼亚为首的东正教堂管理委员会管理教堂事务。阿克谢尼亚于 2001 年去世，教堂由新一届管理委员会管理。

教堂每周日开放，由会俄文、熟悉宗教事务活动的俄罗斯族老人念祈祷文，带领教徒祈祷、唱圣歌，为亡灵祈祷等。每周参加祈祷活动的教民约 20 人，多是中老年人，圣诞节、复活节期间参加祈祷活动的人会多一些。

在政府有关部门的关心下，伊宁市新俄罗斯东正教堂于 2002 年开始修建，2002 年年底交工，经过简单装修后，于 2003 年年初开放。该

教堂坐落在伊宁市俄罗斯族墓地西北角，是由区民委，市宗教局、民委等有关部门筹集经费修建的。新建的东正教堂是一层的建筑，正门房顶上建有一个钟楼，里面挂着以前的大铜钟。教堂内的文物是由乌鲁木齐东正教堂和迁居苏联、澳大利亚的俄罗斯人捐赠的。现在的教堂没有神甫，只有俄罗斯族妇女尕列娜·米勒库耶娃和莫佳组织教民的诵经、祈祷活动，尕列娜·米勒库耶娃去世后，新一届伊宁市东正教堂管理委员会接管教堂。教堂的经费全来自教民的自愿捐赠和卖蜡烛所得。目前伊宁市俄罗斯东正教堂在教堂管理委员会的领导下，每周日或宗教节日期间开放，供信仰东正教的俄罗斯族民众过宗教生活。

2. 东正教的主要圣事

东正教的主要圣事有：洗礼、敷圣油、证婚、圣餐、终傅、告解、神品、祈祷等。

洗礼是入教的仪式，被认为是耶稣定立的圣事，洗礼即成为教徒，领受洗礼可免除“原罪”和“本罪”，以后有权领受其他“圣事”。东正教规定只有受过洗礼的人才能埋在俄罗斯族墓地。

伊宁市教堂大门　（滕春华摄）

敷圣油是对加入东正教、领受洗礼仪式后的教徒进行的又一项圣事仪式。该仪式是司祭用一种经过主教祝圣过的含有香液的橄榄油抹于受洗者的额、眼、鼻孔、嘴、耳、胸、手、脚处，每抹一处，司祭都要颂念一次“圣灵恩赐的印记”。每一个入教接受洗礼的教徒都要施行这项圣事。敷圣油的圣事是在领受洗礼后接着进行的。

证婚又叫婚配，它是指在教堂举行的婚礼仪式，俄语叫作“布拉克斯其塔其”（音译），即以上帝的名义证明婚姻，使婚姻具有一定的约束力。东正教认为在教堂举行证婚仪式是圣事之一，并规定只有受过洗礼的男女才可以在教堂举行证婚仪式，还规定一个男子只能有一个合法妻子，反对轻率离婚；一个女子一生只准戴一次花环装饰的婚纱，如果再婚，可穿婚服，但不能戴婚纱，只能戴一块头巾。

圣餐又称圣体血，来源于《圣经》中耶稣与门徒的最后晚餐。东正教规定只有洗过礼的教徒才能领受圣餐，领受圣餐被认为是幸福的事；同时只有有主教的教堂星期日上午才能举行圣餐圣事仪式。

终傅即为临终前的教徒敷圣油。当教徒生命垂危时，由司祭用经主教祝圣过的橄榄油敷擦病人的耳、目、口、鼻和手足并诵念一段祈祷经文，认为以此可以帮助受敷者忍受病痛，赦免罪过，安心去见上帝。一般是病人家属请神职人员来到家中对病者实施终傅。

告解俗称忏悔，被认为是耶稣为赦免教徒在领洗后对上帝所犯的罪，使他们重新获得恩宠而订立的。告解圣事包括三个因素：痛悔、告罪、补赎。

神品又叫授神职礼，这是一项授予神职的圣事。教会工作人员受神品圣事后，才能成为神职人员，才有资格主持圣事。接受神品者必须经过按手礼，这是一种领受恩赐的记号。受神职者至少须有一位主教和数位曾受按手礼的司祭按手，方为有效。

祈祷俄语叫作“马利特瓦”（音译），它是信仰东正教的俄罗斯教民每天例行的一种宗教仪式。东正教会没有严格的规定，是否每天做祈祷，每个星期日去教堂作祈祷，教徒要根据自己的情况而定，身体不适者可不去，离教堂远者可两三周去一次，教民不会因此受歧视或

责怪。祈祷分家庭个人祈祷和在教堂集体祈祷。过去是跪着祈祷的，后改革为站着祈祷，施鞠躬礼，所以东正教堂里无座位。另外东正教规定划十字时要三指捏拢，按上、下、右、左的顺序划十字，划三遍。这也是东正教不同于天主教和新教之处。

无论在教堂的祈祷还是在家庭的祈祷，祈祷经文都出自《圣经》。

一般俄罗斯族东正教徒家中都供有耶稣、圣母玛利亚或其他圣徒的小型画像，俄语叫“伊阔那”（音译），即家庭神像，供教徒早、晚在家中做祈祷之用。家庭圣像一般挂在客厅正面墙角或朝东的墙角高处，并用绸布装饰，圣像下方安装一个木质三角搁板，像一个祭坛。在家中的祈祷仪式比较简单，教民面朝圣像，举右手，捏拢三指，在胸前边划十字，边默念一些祈祷的话语，划完十字鞠一个躬，依次重复三遍，表示虔诚。

除了面对圣像做晨祷和晚祷外，虔诚的教民还要做饭前、饭后的祈祷，而星期日和宗教节日当日则要去教堂做集体祈祷并听神甫布道讲经。据说上帝用 6 天的时间创造了万物，第七天休息，这一天任何工作都不能做，只能做祈祷。另又说因为耶稣是在星期日复活的，所以星期日为“主日”，这一天要举行礼拜。信仰东正教的俄罗斯教民一直信守这一条教规，礼拜天去教堂参加祈祷会。

教堂的祈祷会一般包括祈祷、颂经、唱圣歌等内容，是由神甫主持、教民参与的一项宗教活动。星期日早饭后，教民要服装整洁地去教堂。进教堂时，妇女头上要戴素色头巾，男子要脱帽。进教堂后先要在教堂服务处购买蜡烛，亦可向教堂捐赠钱，多少不限，也可不捐，因为买蜡烛本身也是一种捐助行为。然后进入正厅，点燃蜡烛敬放在神像前的蜡台上，接着举右手捏拢三个手指在胸前划十字，并面对圣像祈祷，每划一遍十字，鞠一次躬，共划 3 次十字，鞠 3 次躬。祈祷词一般是“主基督耶稣，天主的儿子，可怜我吧”或“愿上帝保佑家

祈祷　（滕春华摄）

人平安、健康”等之类。等参加祈祷会的人来得差不多后，集体祈祷就开始了。众教民面朝祭坛方向（即正面墙）分男右、女左自然站立，全场肃静，听神甫诵经，一般都是《圣经》中的有关章节，一段结束后，众教民随神甫一起说：“阿门”，并在胸前划 3 次十字，鞠 3 次躬。神甫的诵经内容结束后，众教民一起唱圣歌，表情肃穆、虔诚，陶醉在圣乐和圣歌之中。唱圣歌结束后，众人划十字、鞠躬，并依次亲吻神甫手中的大十字架。至此，整个祈祷仪式结束，众教民回家。

3. 东正教的宗教信物

教堂大钟、《圣经》、圣水、东正教十字架、圣物鸽子、宗教油画、家庭圣像、耶稣受难像等都是东正教的宗教信物。

现悬挂于伊宁市东正教堂的大钟要算是东正教的一个“文物”了。大钟悬挂在正门房顶上的钟楼里。铜钟高约 1 米，里面平滑，外部除铸有民族风格图案外，中部和下部各铸有一圈古斯拉夫文字。上行译文为：“莫斯科帕·尼·伏尼勒米得斯克工厂铸造　净重 42 普特 30 俄磅”，下行译文为：“赠中国乌鲁木齐东正教堂。”原文分别为：“МОСКВО ЗАВОДА П · Н · ФННЛМИДСКОГО ВЕСУ 42 ПУД 30 ФУНТ”，“ПРОВОСЛАВНОЙ ЦЕРКВИ В Г УРУМЧАХЬ В КИТАЙ”。

《圣经》是基督教的经典，也是中国俄罗斯族奉行的经典。俄语叫“比布力亚”（音译）。《圣经》包括《旧约全书》和《新约全书》，所以

又称《新旧约全书》。所谓“约”是指上帝与人之间立的“盟约”。《旧约全书》即犹太教的《圣经》，全书共39卷，按其内容分为四大类：律法卷、历史卷、先知书和杂集。基督教接受它为自己经典的一部分，全书的卷次和次序，基督教各派略有不同。中国虽已于19世纪末将《圣经》译成汉文，但因中国的俄罗斯族早先通行俄文，东正教的主教和神父多由俄国派来，因此都宣读俄文《圣经》，而不采用汉文《圣经》。直到现在，中国俄罗斯族东正教民仍用俄文宣读《圣经》，用俄文咏颂圣歌。

圣水，俄语叫“司维亚塔亚瓦达”（音译）。圣水是信奉东正教的俄罗斯族教徒在1月19日主显节当天清晨打来的清洁的凉水。据《圣经》上记载，历史上的这一天是耶稣受洗的日子，为了纪念耶稣受洗，以后每年的这一天，信仰东正教的俄罗斯族教徒都要在这一天清晨破冰去取清洁的河水、泉水或自来水——圣水。只有1月19日这一天的水是才被称为圣水，因为这一天清晨全世界的东正教神甫、教徒都在做祈祷、诵经，所以这一天清晨的水被认为具有神奇的力量。俄罗斯人认为喝圣水有驱邪治病的作用，有神力保佑健康。另外，俄罗斯族在搬迁新居时，用圣水喷洒新居，据说有辟邪的作用。

东正教十字架。“十字架”在拉丁文的原义为“叉子”，因为形状近似汉字“十”，故译为“十字架”。按质地分，十字架有金的、银的、铝的和铜合金的，最早出现在墓地上的是木质十字架。东正教堂上的十字架是东正教区别于其他基督教堂的标记。1653年，沙皇政府正式下令，要尼康对俄国东正教进行改革，改革的其中一项内容是：东正教的十字架可以是8个角和6个角的，也可以是4个角，一般教堂顶上的十字架是8个角的，即在天主教十字架的基础上，长横上加一短横，长横下加一左高右低的一斜横。

俄罗斯东正教民胸前还佩挂小型金属十字架，叫“克列斯其克”

（音译）。它是宗教的信物，又是教徒的标志，只有经过洗礼的人才佩戴。十字架是在教堂买的。十字架佩戴在身上像个"护身符"，表示"上帝与我同在"的意义，在没有教堂的地方，教徒可以手抚十字架，面朝东方进行祈祷。十字架被认为具有辟邪与保佑的作用，教徒的十字架从不离身，无论走到哪里都戴着，当遇到困难或灾难时，掏出十字架亲吻一下，祈求它保佑平安，给予力量，顿时觉得心里坦然，有信心了。教民亡故后，十字架不取下来，随之一起安葬。

鸽子是一种常见的鸟类，白色的鸽子是纯洁、善良、美丽、和平的象征，俄语叫"尕卢布"（音译）。俄罗斯族视鸽子为天使，因为天使长着人的躯干，却长着鸽子的翅膀。在耶稣教及其他一些宗教中，天使是超自然的人物。关于鸽子，《新约全集》里有这样一段记载：耶稣既受了洗，立刻从水里上来，忽然诸天为他开了，他就看见天主（圣）神，如同鸽子，降下来落在他身上。有从天上来的声音说，这是我的爱子，我所喜悦的就是他（指耶稣）。另外，民间还有关于鸽子救耶稣的传说：当时，同耶稣一起被处死的还有两个强盗，一个被钉在他的左边，一个被钉在他右边。第二天，士兵们把他们放下来时，两个强盗还没有断气，士兵就打断了他们的腿，以防逃跑。另一个士兵怕耶稣没有死，正要用枪扎他的胸口，突然飞来一只鸽子落在耶稣胸口上，士兵就用枪在他的肋上扎了一枪。耶稣没有受到致命的伤害，是鸽子救了他，所以俄罗斯族把鸽子视为敬物，不仅东正教堂里有鸽子的图案和塑像，而且俄罗斯族一直严守着不吃鸽子肉的戒律。吃鸽子肉被认为是对神的冒犯，是有罪的行为。

达·芬奇创作的著名宗教油画《最后的晚餐》（印刷品）被挂在乌鲁木齐东正教堂正面墙壁高处，它被视为宗教圣物。这幅画描绘的是：耶稣受审的前一天，4月6日（现今复活节前的星期四）晚上和十二门徒按照犹太的传统规定共进纪念逾越节的晚餐。吃饭的时候，耶稣安

详地对门徒们说："你们中间有一个人要出卖我了。"这句话在门徒之间引起了很大震动，耶稣对即将来临的苦难泰然处之，犹大则心怀鬼胎，知道耶稣发现了他的阴谋，心中忐忑不安；其他门徒则有的愤怒，有的怀疑，有的询问，有的表白。著名画家达·芬奇正是抓住了这个场面，创作了不朽名画——《最后的晚餐》。

家庭圣像是俄罗斯族东正教徒供奉在家中的宗教信物，俄语叫"伊阔那"（音译），它是各种圣像的总称。东正教堂内的圣像是大型的，而家庭圣像是中小型的，一般有相框那么大。家庭圣像有铜质凹凸面的、有镶嵌在玻璃镜框中的，一般挂在客厅朝东的墙角 2/3 的高处，并用绸布装饰，圣像下钉一块三角板，上面供放蜡烛。家庭圣像主要是耶稣、玛丽亚、伊里亚、尼古拉等圣人的画像，挂在教徒家中，供教徒每天早、晚在家中祈祷时面对。俄罗斯人认为家中供奉了圣像能给全家带来好运，保佑家人平安、健康，它就像全家的保护神。

耶稣受难像，俄语叫"拉斯帕其耶"，即把耶稣的手脚钉在十字架上的油画。这个刻上耶稣受难像的大型十字架是基督教用以作为信仰的标记，它挂在教堂正面墙壁的高处，告诉教徒不要忘记上帝之子耶稣为拯救世人所受的苦难，要奉他的名，传悔改赦罪的道。也正因为他所受的苦难，使他成为上帝之子，也正应了他以前说过的话：基督必受害，第三天从死里复活。耶稣受难像讲述了这样一个故事：罗马士兵把耶稣带进巡抚衙门，给他穿上朱红色的袍子，戴上荆棘编的王冠，尽情地戏弄他，然后让他背上自己的刑具——十字架，到刑场去。刑场叫做"各各他"（阿拉米文的音译），意思是"骷髅地"，在那里耶稣的双手和双脚被钉在了十字架上。耶稣午时被钉，到了申初就断了气。这一天是礼拜五，后来教会就把这一天定为"受难节"。

4. 东正教的宗教节日

东正教的宗教节日很多，有些节日的日期是固定的，有些节日的日期则是每年推算一次。东正教使用的是儒略历（俄旧历），因而节日的日期与天主教、基督教新教等不同，圣诞节和复活节一般相差13天。新疆的俄罗斯族人因信仰东正教，所以过东正教的节日。以下是东正教的十二大节日（均为公历日期）：圣诞节（主降生节）РОЖДЕСТВО ХРИСТОВО，是1月7日；主领洗节（显现节）БОГОЯВЛЕНИЯ ХРИСТА，是1月19日；主进堂节（圣母行洁净礼日）СТРЕТЕНИЕ ГОСПОДНЕ，是2月15日；圣母领报节（天使报喜节）БЛАГОВЕЩЕНИЕ，是4月7日；主进圣城日（棕枝主日）ВЕРБНОЕ ВОСКРЕСЕНЬЕ，是复活节前的礼拜日，日期不固定，随复活节日期变化，一般在4月；主升天节（耶稣升天节）ВОЗНЕСЕНИЕ，是复活节后第四十天，星期四；圣三主日（三位一体节）ТРОИЦА，是复活节后第五十天，星期日；主显圣容节（耶稣显圣容日）ПРЕОБРАЖЕНЕГ ГОСПОДНЕ，是8月19日；圣母安息节（圣母升天节）УСПЕНИЕ，是8月28日；圣母圣诞节 РОЖДЕСТВО ПРЕСВ БОГОРОД，是9月21日；举荣圣架节（十字架节）ВОЗДВИЖЕНИЯ КРЕСТА，是9月27日；圣母进堂节（圣母进殿节）ВВЕДЕНИЕ В ХРАМ ПРЕСВ БОГОРОД，是12月4日。[①]

二、五旬节教派（ПЯТИДЕСЯТНИК）

五旬节教派又叫五十日派，该教是从苏联传过来的，是正教派的对立派之一。该教派从圣灵于五旬节这一天降临的传说中找到了解释本教派的依据，故叫五旬节派。

五旬节派不崇拜偶像，即不在教堂或家中悬挂任何圣像；不戴十字架；祈祷时不划十字；有《圣经》，坐着或跪着祈祷。他们信仰上

① 见《东正教节日日历》。

帝、耶稣，认为上帝和耶稣是一致的，承认十二门徒，总之，只承认《圣经》上所说的一切。

五旬节教派没有固定教堂，只有以某教徒私人房屋为集体祈祷活动的祈祷室（Доh малитво），祈祷时教徒很虔诚，他们相信只要虔诚，圣灵就可以降临其身，使人处于一种“传达神语”的状况。他们把该教派的掌门人叫“兄长”（БРАТ）或“姐妹”（СЕСТРА），而不是神甫、牧师。2002年5月，随着最后一位“兄长”的去世，到目前该教派尚无掌门人，他们认为是因为上帝还没有降旨于某人，所以一切顺其自然。虽无人带领每周的集体祈祷，但不影响教徒平日在家中进行的早晚祈祷，祈祷时跪地面朝东方。伊犁的五旬节教派除了葬礼外，其他宗教活动仪式男女都可以主持，男女平等。

在生活习俗方面，教徒们一般不与外人交往，不吃他人的东西，不与他人同桌吃喝，不共用一个餐具，不吸烟、喝酒，不看电视，不唱宗教音乐以外的歌曲。与外人见面时，只打招呼，不握手，这点与吉尔加克派相似。他们勤劳、自立，生活自给自足，不接受捐赠，同时也不与外人通婚，因而保留了纯正的俄罗斯族语言文化和血统。在当今商品经济社会中，他们的习俗已发生了很大变化，他们参加工作，广泛与人交往，积极参与社会、政治活动。如今信仰五旬节派的俄罗斯族人除了信仰上的不同之外，也和其他俄罗斯族人一样过着普通人的生活。

三、吉尔加克教派（КЕРЖАК或СТОРО ВЕРО）

吉尔加克派又叫旧礼仪派或旧教徒，在新疆信仰此教派的主要是被称为吉尔加克（《俄罗斯族简史》中如此称呼）的俄罗斯族人。吉尔加克派（旧教徒）是由起源于克尔热涅茨河而得名。克尔热涅茨河是高尔基省伏尔加河的一条支流，住在克尔热涅茨河流域的俄罗斯人是信仰东正教的旧礼仪派教徒。

该教派的人一般不与外界人接触，不吃他人东西，不和他人握手。家中来了外界人或异教徒，他们一般不予倒水，不予吃饭，严重者甚至将外人用过的器具毁掉或清洗一遍。克尔加克派规定男子一生不剃胡须，所以克尔加克派的男子都有一个很明显的标志——大胡须。教规规定：不喝酒，不吸烟，不看电影，祈祷时用两指，而不是三指。女子须带头巾，无论男女均在衬衫或连衣裙外系自己织的腰带。该教派没有教堂，只有祈祷室或在某一家中集体祈祷，祈祷时行跪拜礼而不是鞠躬。

第二节　禁忌与迷信

一、请神婆

新中国成立前，农村俄罗斯族人家庭中有人受惊吓后，一清早就会去请神婆。神婆来到家中，会让受惊者坐在门槛上，然后端来一碗水，举在受惊者头顶，口中作一些祈祷，还要把一根蜡烛熔化，倒进盛着凉水的碗里，熔化的蜡烛会在水面凝成一层固体，朝上的一面光滑，近水的一面高低不平。神婆就会指着高低不平的一面告诉你孩子为何受惊吓，然后要求受惊者每天天一亮就来神婆家，她要为其做祈祷治病，一连几天后，蜡油再倒进凉水碗里两面都变光滑了，受惊者的病也就好了。

二、圣水治病

俄罗斯族家庭中如果有小孩哭闹不止，夜不入睡，老人就会说这是因为孩子受了惊吓。对于孩子的惊吓症，老人们自有一套治愈的方法。

她们端来一碗圣水，在一个桌角上（方桌）倒一些，然后用手揽进碗里，这样依次在四个桌角重复，边做口中边祈祷，接着用洗过桌角的水为孩子洗澡或喷洒孩子，然后让孩子的父母抱孩子在院子里绕一圈，老人随其后用俄语呼唤其名："×××回家吧!"其父母就会代答："×××回来了!"老人认为这样就会辟邪压惊，孩子就会安睡而不啼哭。

三、忌洒盐

俄罗斯人忌讳打翻盐瓶子，把家庭中打翻盐瓶子看成家庭不和的预兆，是夫妻吵架的先兆。因为在古代盐是祭品，是圣神的食物，家庭中有人打翻了盐，会受到斥责，发生争吵，只有将打翻的盐撒在头上才能解除争端和不幸。

四、忌打碎镜子

俄罗斯人把家庭中打碎镜子看作是一件不好的事情。迷信的人认为镜子是神圣的物品，镜中的影像是本人灵魂的化身，打碎镜子意味着灵魂的毁灭，个人生活中将出现种种不幸。如果夫妻中有一人不小心打碎了镜子，被认为两口子有离婚的预兆；如果是新婚时打碎了镜子，老人们就认为新婚夫妇今后的日子过不好。但如果打碎的是杯子和碗，特别是盘子、碟子，则意味着富贵和幸福。小孩打碎了镜子是没有关系的。

五、算卦

过去姑娘们喜欢在圣诞节期间为自己算卦，目的无非是想预知自己的未婚夫是什么样的人。她们的算卦方式很有趣：站在屋外背过身，把自己的毡靴扔过房顶（平房），靴子落地后，靴尖朝向哪个方向，就预示着自己将要嫁到那个方向。

另一种算卦方法是在夜深人静的时候，在桌子上摆一面镜子，镜子前点燃一根蜡烛，摆一杯清水，水中放一枚戒指，然后披开头发坐在镜前，眼睛望着杯底，等待出现自己意中人的影子，一待影子出现，马上将镜子扣倒。

六、圣水喷洒新居

俄罗斯族老人有用圣水喷洒新居的习俗。搬迁新居前，先用圣水把新居喷洒一下，他们认为这样可以驱除鬼魔，保佑搬迁进来后全家人平安无恙。

七、右吉左灾

俄罗斯族中有人认为右眼发痒有好事，左眼发痒有不幸；右耳鸣表示将要听到好消息，左耳鸣将要听到噩耗；当某人心情不佳而发怒时，大家就会说他是因为今天起床左脚先下地的缘故。因为按迷信的说法，每人身边都有两个神灵，左边站着的是凶神，右边站着的是善良的守护神。所以遇见人要伸右手去问好；考场上要用右手去抽签；早上起床下地先下右脚。

八、对颜色的迷信

俄罗斯族喜欢红色和紫色，他们认为红色是美丽和吉祥的象征；紫色代表威严和高贵。俄语中有这样一句俗语：连傻瓜都喜欢红色。他们不喜欢黑色，认为黑色是肃穆和不祥的象征，常和死亡连在一起，如黑棺材、黑孝服、深穿黑色长袍主持葬礼的神甫等，总之黑色让人产生不愉快的感觉。

随着社会的发展和时代的进步，昔日的封建迷信之说已逐步被俄罗斯族人民所淡忘和抛弃。

第四章

欧式风情

第一节　在那矮小的屋里

一、传统住房——原木屋

“在那矮小的屋里，灯火在闪着光，年轻的纺织姑娘坐在窗口旁。”这首古老的民歌反映的就是俄罗斯族的传统住房——原木屋。俄罗斯族的住房有三种形式：一是原木屋；二是土木结构；三是土坯房。

原木屋是俄罗斯族的传统住房，俄语里叫“伊孜巴”。移居新疆伊犁山区，阿勒泰地区禾木、喀纳斯、海留滩以及塔城地区额敏河一带的俄罗斯族人在新疆当局准许的情况下自行砍伐树木，修建木屋居住。他们从树（森）林中砍来足够的原木，削去枝杈备用。原木屋的地基是用石头砌成的，高约一米，地基上再用松树原木横着一根一根固定起来搭成墙，原木屋的地是用木板拼的，木板钉在原木做的龙骨上，地板下面是空的，有两米多深，是地窖，俄语叫“波得瓦勒”。地窖是用来储藏酒、果酱、腌菜等物品的。房间叫“阔木那塔”，木屋的外房顶是呈 45°的双面坡顶，便于泄水。房顶叫“克里萨”，木屋内的顶棚是用木板拼缝的天花板，天花板和房顶之间有空间，叫“切尔达克”，是防暑、防寒的隔离层。修建木屋的主要工具是斧子和锯子，所以这种木屋又叫“鲁布列那亚·伊孜巴”，意为“用斧子砍出来的木屋”。原木之间的缝隙要用麻絮封住，屋内墙壁上先钉上细木条，后抹上一层泥，这样就既不透风又保暖了。待泥干了以后，刷上白石灰。地板每天都洗一遍，墙一年刷两遍。

俄罗斯族民居 （刘朔摄）

木屋的门叫“得维尔”，窗叫“阿克诺”。门、窗一般是向阳的或面向大道的。木屋的窗户有些特别，它有两层玻璃窗扇，俄语叫“拉玛”。内窗扇是整的，没有合叶，是专门在冬季镶进窗框的，形成双层窗扇。外层窗户是两扇的，分左、右开关。冬季，两层窗户之间放一些木炭或棉花可吸取两扇窗户之间的湿气，然后把里层窗框缝用纸条糊上或用布条塞上，使之与外层窗户之间空气隔绝，这样冬季窗户玻璃就不上冻了，而且保持了室内温度。内窗是冬季安装，夏季拆除的，夏季拆下来后洗净放好，以备来年再用。俄罗斯式窗户上方角上都有

一个小风窗，叫“佛尔达其卡”，白天经常打开使屋内空气流通。窗户外还有两扇护窗板，叫“斯达夫尼”，白天开着，晚上关起来。朝外的木窗框上雕刻着装饰图案，房顶飞檐上也雕刻着装饰图案。俄罗斯人喜欢把窗框油成白色或深褐色，飞檐和门油成深褐色或蓝色。

木屋门外连着门廊、台阶，叫“克列措”，门廊两边有护栏，靠护栏有木条长凳，是夜晚乘凉时坐的地方。俄罗斯人的房门一般是两扇，进了门有一个小走廊，叫“卡里多尔”，然后进入前室，叫“色尼”，是脱帽、挂大衣、脱套鞋的地方。再进门就是一个很大的房间了，中央有一个大长桌子，叫“司托勒”，周围摆着长凳或方凳，叫“卡灭依卡”和“塔布列特卡”。左角挂着布帘，其内放着双人木床，叫“克拉瓦其”，朝东面的墙角中、上方挂着圣像，叫“依阔那”。靠窗前有几个大铁皮箱子，叫“苏尼杜克”。最引人注目的是右墙角的俄罗斯大火炉，占据很大位置，是个庞然大物。俄罗斯大火炉是烤列巴、做饭、烧水、取暖用的。大火炉顶上是平坦的、热乎乎的，在冬季是家里老人和小孩子过夜的“热炕”。火炉有土台阶供上下。俄罗斯族主妇每天都烤新鲜的列巴，列巴是俄罗斯人的主食。做汤的锅是一种叫“取公卡”的俄式大肚子平底锅。在农村、山区，这种俄式大火炉除了夏季几个月不使用外，其他时间都使用。夏季在院子木棚下的大烤炉烤列巴、做饭。这种传统的木屋是人口少的家庭用的，也有内室为两间甚至三间的木屋，是供大家庭用的，那样的木屋就需要在屋中间安放一个铁炉子生火取暖了。

原木屋在前院，院内还有其他建筑，如杂物房，另外还有储藏室，是放粮食、小农具等物的。储藏室没有窗户，只有一个能开能关的天窗。

现在在新疆喀纳斯和禾木还能见到这种原木木屋，只是主人变了，屋内的格局也变了。20 世纪 50 年代中末，居住在这里俄罗斯人迁走后，木屋由当地的图瓦人居住，并延续了用原木（就地取材）盖屋子的习俗。

二、俄罗斯式大火炉

俄语叫“鲁斯卡娅撇弃”，是俄罗斯族家庭传统的做饭取暖工具，是俄罗斯族家庭的标志。俄罗斯式大火炉修在屋内的一角，它高 1.6 米左右，宽约 1.2 米，长约 1.8 米，是个庞然大物。俄罗斯大火炉是烤列巴、做饭、烧水、取暖用的。大火炉顶上是平坦的，大小不等，没有统一尺寸。俄罗斯式大火炉是用土坯砌的，共分两层。上层是炉膛，是烤列巴、做饭的主要地方。炉膛分前膛和后膛，中间有分隔。前膛占整个炉膛的 1/3，主要是存放后膛烤完列巴后的木炭的地方，此时木炭还很烫，可用来烧水和热熨斗，并且温暖房间。因为此时的木炭无烟，所以不会影响室内的空气。前膛顶部是烟道，一直通到屋外。后膛叫“波特”，膛顶是拱形的，这里是烧木柴、烤列巴的地方。使用时，将适量的木柴堆放在后膛中央点燃，并用铁板堵上前膛的门，使黑烟通过烟道抽到屋外。等到木柴烧成无烟火炭后，打开铁板，用专用的长柄炉钩“卡契尔卡”将红木炭拨到膛边，为放烤盘做准备。

火炉下层，也就是炉膛的下面前部留有一块空地方，一般来说是放锅、炉叉等的地方。冬季寒冷时主妇也会将下蛋的母鸡放在那里过夜，使它们能照常下蛋。过去，俄罗斯族人家的屋里或院子里都自己砌有这种大火炉，现在塔城、裕民、伊犁等地的个别俄罗斯族家中仍有这种大火炉。

三、热气澡堂

过去俄罗斯族人的院子里一般都建有热气澡堂，俄语叫作“巴尼亚”，是供全家人星期六晚上洗澡用的。家庭热气澡堂是用木头盖的，

水是在外屋一个大铁筒内烧的，用铁管送到澡堂内。澡堂屋内炉子上有十几块大石头，烧得灼热后，用水多次喷洒石头，热气马上充满全屋。洗澡人裸体上到屋内设置的木架子上。木架子有两米长，如台阶状，或坐或躺，几分钟后全身大汗淋漓，这时洗澡者手拿用白桦树枝扎制的笤帚抽打全身。这种笤帚俄语叫作“别列诺维·维尼克”，是专门用于俄式洗澡堂的。十几分钟后，洗澡者全身皮肤变得通红、发热，然后打香皂，用水冲去肥皂沫和污垢，用毛巾擦干身体，换上干净衣物。如果热气少了，可以继续往石头上洒水，直至满意为止。洗澡的顺序是：妇女带孩子先洗，男人后洗。洗完澡后全家人围在长桌子旁，舒舒服服地喝着主妇烧好的茶，一杯又一杯地喝到深夜，补充身体失去的水分。

四、城市民居

在城市里，俄罗斯人住的多是土木结构的房屋，屋顶是两面斜坡式的。屋内是木地板和木板拼缝的天花板。天花板和屋顶之间有较高的保温空间，屋顶是三角形框架结构，外面钉木板条，木板条上安装铁皮保护，铁皮漆成深绿色。屋顶斜坡上有通风窗，屋檐有挡水槽，并且安装了从屋檐连接到地面的铁皮管子，使雨雪水从管子中流下来。屋子的外门多为双扇的木门，内门为单扇门。窗子也是双扇的，分内外两层，里层是活动窗，夏季取下来，冬季安装上去。房子比较宽敞，有客厅、卧室、餐厅等，还有专门的厨房。这种房子的取暖设备是修建在两间屋子中间墙壁中的圆柱形壁炉，厨房里做饭的炉子是由土

现代城市俄罗斯族民居　（滕春华摄）

坯砌的带铁皮烤箱的土炉子，这种炉子是烧煤炭的。

屋子里的地板一般漆成深红色，天花板漆成天蓝色。地板上铺地毯。

五、俄式大毛炉

俄语叫“坎呢塔尔马尔卡”，它修建在两间屋子中间的墙壁中。它和墙壁一样高，是一个用铁皮包裹的圆柱体，铁皮外壁漆成黑色。圆柱形的炉壁直径约 1 米，其内部的烟道是螺旋状的。这种俄式大毛炉只是取暖用的，不做饭。毛炉下方有一个小炉门，炉门内是炉膛，有炉条，炉条下是清除积存炉灰的地方。毛炉既可烧木柴，也可烧炭，烟火是沿着螺旋形烟道从屋顶的烟囱冒出去的。这样设计烟道是为了烟火在炉壁内停留时间长一些，把热量保存下来。一般这种俄式毛炉烧一次，能保持两天的热温。这种俄式大毛炉只修建在铺有木质地板的房屋内。

六、牛粪黄土抹地

住一般平房土地面的俄罗斯族人家有用牛粪黄土抹地的习俗。具体做法是：准备一个桶，用水把新鲜牛粪化开，再放进适量的细黄土搅匀，用抹布蘸上均匀地涂抹在地上，在地面形成一层薄薄的保护层，既可防止尘土，又可防小虫。一般一个星期涂抹地面一次。

七、铺床习俗

过去俄罗斯族家庭多喜欢摆放钢丝单人铁床，床上铺羽绒褥子，枕羽绒枕头，羽绒是由自家家禽采集的。盖棉被或毛毯。早晨起床后，要拍打羽绒褥子，使其蓬松，整理床单，被子不叠而是平铺在床上，然后在被子上盖一条毛毯或线毯，羽绒枕头充分拍打松软后提起两角抖一下，使羽绒倾向一侧，按下两角，再翻过来，使枕头以七十度角形状立在床的一头，如法炮制，把第二个枕头摞在第一个枕头上，两个枕头摞在一起，形状挺拔饱满，最后再在其上面掸一个白色网扣饰单。床身正面和两头都要铺挂带镂空图案的白色绣或钩织的床边。铁窗靠着的墙面上还要挂壁毯。按俄罗斯族习俗，除了主人外，忌讳外人坐床。

八、室内装饰习俗

俄罗斯族人家室内喜欢挂铺布饰品，一般是机绣饰品和钩织品，形状有大的也有小的。例如，窗纱、窗帘、门帘、桌单、茶几单、沙发单、箱单、掸衣单、书架、装饰柜上都铺挂钩织或机绣的小饰品。茶盘上、“萨玛瓦尔”上都要盖上机绣或钩织的小饰品，这些机绣或钩织品以白色为主。

俄罗斯人在浆洗过这些铺挂布装饰品后，还要用淀粉上浆，用熨斗熨烫后再使用。

第二节　中西合璧的饮食文化

中国俄罗斯族的饮食既继承了传统的俄罗斯饮食习惯，又吸收了汉族等民族的饮食习惯，因而形成了独特的中西合璧的饮食文化。

俄罗斯族的传统饮食以面食为主，主要有列巴“合列布”（音译）、鸡蛋煎饼“布里内”（音译）、发面煎饼“阿拉吉”（音译）、馅饼“比拉什给”（音译）和饺子“别列灭尼”（音译）等。

俄罗斯族的日常饮食比较简单，一日三餐，主食就是列巴。

早餐叫“扎无塔拉卡”（音译），早餐一般是喝红茶或喝牛奶；吃一两片列巴，吃列巴时要在上面涂抹黄油或果酱等。

中餐叫“阿别得”（音译），它是一天中的正餐。中餐一般是喝苏波汤吃列巴，或吃土豆烧牛肉、红焖肉饼等，并配以列巴。

晚餐叫“乌仁”（音译），俄罗斯族晚餐一般吃一些灌肠，俄语叫“尕勒巴撒”（音译），奶酪，俄语叫“色尔特”（音译），或生拌菜，俄语叫“萨拉特”（音译），并配以列巴或煎饼。有时吃“比拉什给”，喝红茶。晚餐喝茶的时间比较长，一家人边喝茶边聊天。

一、列巴

俄语叫“合列布”，是俄罗斯族家庭中最重要的食物。和“合列布”的面要用俄罗斯族人自制的酵母，叫“得罗日”。和面时，先要将得罗日在清水里泡一夜，然后加入面粉搅成糊状使之发酵，发酵后再和成面团，再发酵，再揉面，再发酵，最后才揉成面包团放在烤盘里，再发酵半小时左右才放进烤炉里烤制。和面时要放一点盐，面和得要软一些。揉好的面团要在俄式大火炉里烤制。随着俄罗斯族人生活环境的改变，俄式大火炉从屋里移到了院子里。再后来有了俄罗斯族人开的列巴店，大家都去列巴店买列巴了。俄罗斯面包匠用俄罗斯式大火炉（木炭）烤制的大列巴，金黄、松软的麦香里夹着一股曲香，给人留下深刻的印象。直到今天，一说起俄罗斯族，就必然会和大列巴联系起来。目前坐落在伊宁市阿合买提江路的俄罗斯列巴店仍然保持着传统烤列巴的工艺。

列巴　（刘朔摄）

“合列布”是俄罗斯族人的主食，可以说一日三餐离不开。吃“合

列布”时要切成片，上面要涂抹黄油或果子酱，或酸奶皮子“斯灭达尼”（音译）一起吃。另外，喝“苏波”汤时主食就是“合列布”。俄语中有一个谚语说：合列布、盐、水是上帝的食物。可见“合列布”在俄罗斯族人生活中的地位了。他们把“合列布”当作生命，当作最神圣的食物。“合列布”是定情的信物；用“合列布”迎接尊贵的客人是俄罗斯族最高的礼节；用“合列布”迎送新人是最真诚、最神圣的祝福。

二、鸡蛋煎饼

“布里内”是俄语煎饼的音译。它不仅是日常和待客的食物，也是重要节日必不可少的食物。

俄罗斯族的煎饼分发面和死面的两种。做死面的“布里内”时，先在盆中打几个鸡蛋，加适量的牛奶、盐、苏打粉，充分搅拌，然后倒入干面粉中，边倒入边搅拌，面糊不宜过稠或过稀。煎“布里内”要用平底锅，在锅底抹一层油，用勺舀一勺面糊倒入锅内，轻轻转动平锅，使面糊均匀地摊开，待凝固成形后翻一个个儿，再煎片刻即可出锅。“布里内”要趁热吃，吃时要在上面涂抹奶油、蜂蜜、果酱或酸奶油等。也可将炒熟的肉葱末放在其中，然后将“布里内”的四边对折，折缝朝下放在油锅中煎一煎吃。

发面的煎饼叫“阿拉吉”，它的用料比较简单，在温水中加入发酵粉、适量的盐，搅匀后加入干面粉，搅成糊状，放在温暖处让其发酵。面糊发酵后散发出酵母的酸甜味。放平锅加热，锅底抹油，用勺舀面糊倒入锅底，由于是发面比较稠，所以摊得不大，约有面碗大小，比较厚，其中充满气孔。煎好一个“阿拉吉”取出盛盘，趁热在其上涂抹一层奶油，第二个煎好后摞在第一个上面，再抹一层奶油，依次重复直到全部煎完。发面的“阿拉吉”吃起来松软、香甜可口。吃时还可以夹几片灌肠。几片灌肠、几个“阿拉吉”、一杯红茶就是俄罗斯人的一顿正餐。新婚夫妇第三天回门叫作“扎布里内”，意为去吃煎饼。俄罗斯族有一个谚语说：“第一张煎饼不好煎。”寓意是万事开头难。另外，在“祭扫亲人节”上坟时也要带上“布里内”。

三、比拉什给

“比拉什给”是俄语对类似馅饼、包子等食物的音译。“比拉什给”分油炸和烤制两种：油炸的“比拉什给”是肉、菜馅的，是日常和家宴中的正餐食物；烤制的“比拉什给”是果酱、奶渣馅的，是喝茶、家宴时的甜点。

油炸的“比拉什给”的制作方法类似汉族人的发面包子，但它的形状、馅的调制和烹调、食用方法不同。先取一小团发面压扁，放上馅，对折两边捏合在一起，然后将折缝朝下按扁呈长椭圆状。待一个个“比拉什给”做好后，便可以放进油锅炸制了。待炸成金黄色、熟透后，就可捞出锅装盘食用了。俄罗斯族人喜欢吃的“比拉什给”有肉葱馅的、土豆泥馅的、卷心菜馅的和大米馅的。

四、别列灭尼

“别列灭尼”是俄语饺子的音译。俄罗斯族的饺子形状、吃法和馅的配制与汉族的不同。俄罗斯族的饺子是在面皮中放上馅，两个面皮合起来平捏，然后将两个角对折捏在一起，成为一个圆形，像个小元宝。饺子的馅也很独特，有肉葱馅的、土豆泥馅的、奶渣馅的、鲜水果馅的。吃的时候，肉葱馅和土豆泥馅等咸味的饺子要蘸化开的黄油或奶油食用；水果馅、奶渣馅的饺子要拌着酸奶皮子或砂糖食用。

五、"苏波汤"

"苏波"是俄语肉汤、菜汤的音译，是俄罗斯人日常生活中最普通、最常见的一道菜，相当于汉族人的肉汤或菜汤，只是操作方法及作料不同而已。

俄罗斯人的"苏波"分荤、素两种。如做牛、羊肉的"苏波"，先要将牛、羊肉洗净切块，放进搪瓷锅中煮，撇掉汤上面的血沫，待肉煮熟后，加入适量土豆块、黄萝卜块或莲花白块，再加入几片苏波叶（一种香料），继续煮。另取一炒锅，锅内放入适量的植物油，油热后，倒入切成碎块的西红柿和洋葱丝一起翻炒，加入适量的盐、胡椒粉，待西红柿炒成糊状，洋葱炒出香味后，一并倒入煮肉的汤锅内，轻轻搅动，开锅后，这道菜就做好了。食用"苏波"时，要用大盘盛，用汤勺吃。喝"苏波汤"的时候不要发出"淅沥、淅沥"的声音，列巴要接在汤盘的上方吃，不要将列巴渣掉在桌子上或地上，那样不仅会受到老人的责备，而且会被视为没有教养。

汤锅　（滕春华摄）

六、"尕得列得"

"尕得列得"是俄语红焖肉饼的音译，是最受俄罗斯族人喜爱的传统菜肴之一，因为"尕得列得"的制作不仅用料讲究，而且工序繁杂，所以通常在家宴或节假日的餐桌上出现。做"尕得列得"先要将牛肉剁成肉泥，盛在一个盆中，打入一个鸡蛋，将泡成糊状的列巴干挤去水分也放进肉泥中，加少许盐、适量的淀粉，然后充分搅拌，拌好后放在一边待用；取几个土豆削皮、洗净后切成核桃大小的菱形块备用；取炒锅加入植物油，待油热后，将拌好的肉泥取一团用手压扁成椭圆形，蘸上面粉或淀粉放进油锅炸至六七成熟，捞出后放进干净的搪瓷锅内；肉饼逐个炸好后，再炸土豆块，炸至金黄色捞出，放在肉饼上面。将搪瓷锅放在火上，锅内倒入调制好的西红柿浆汁，放入几片苏波叶，加适量的盐，倒入适量的熟油（不能少），盖上锅盖，用温火炖约30分钟，就可食用了。做熟的“尕得列得”土豆金黄透红，肉饼松软，汤汁略带酸味，色香味美，油而不腻，老少皆宜。

土豆烧牛肉虽然是人们熟知的一道菜，但就其正宗的制作方法来说，多数人却不了解。做这道菜先要将牛肉洗净切成核桃大小的块，再将土豆去皮洗净切成菱形块备用；锅中加入较多的食油，待油热后放入牛肉块翻炒，炒至水分干后，加适量的盐、洋葱末翻炒片刻，然后放土豆块翻炒，再加入调成稀糊状的番茄酱，酱汁以淹没土豆为宜，再放几片苏波叶，盖锅盖，用文火炖，待肉熟、土豆酥软后就可盛盘食用了。

“尕得列得”和土豆烧牛肉做成后用大盘盛装摆在餐桌中央，每人用干净的勺子或叉子盛一些放在自己的小盘子里食用。

七、喝茶

俄罗斯族人酷爱喝茶，尤其是喝红茶。提起茶就不能不说到“萨玛瓦尔”了。

“萨玛瓦尔”是俄语大茶炊的音译，是“自己、自动”“煮”的合意，它是俄罗斯族人传统的烧水器具。“萨玛瓦尔”是用红、黄铜或银合金制作的，有大小不同的规格，外形像现在的奖杯。早先的“萨玛瓦尔”是烧无烟煤或木柴的，先将木柴或无烟煤燃烧，待黑烟烧尽后，

再将红木炭块或无烟煤块用火剪夹进“萨玛瓦尔”中央的炉膛内，使外壁容器内的水受热进而烧开。“萨玛瓦尔”的最下边是用四个爪托起的底座，底座上是一个有镂空图案的通风孔，通风孔连着烟道伸出茶炊顶部，烟道外围是盛水的圆柱体，圆柱体顶部有一个盖，盖中央是烟道，烟道口上放置着一个圆形的茶壶托尔造型，是放小瓷茶壶的地方。大茶炊圆柱体上方两侧各有一个镂空图案的手耳，两个耳中间一侧下方有一个出水龙头。大茶炊圆柱体外部有花纹图案，擦得发亮的茶炊不仅是方便烧水的工具，更是一件具有民族特色的工艺品。大茶炊主要是烧水用的，水烧开后沏入装好茶叶的小茶壶中，茶要沏得酽一些，沏好茶的小茶壶放在“萨玛瓦尔”顶上的出烟口上，受壶膛中炭火的烤炙，小茶壶中的茶任何时候都是热的。喝茶时先往茶杯里倒一些酽茶，然后兑入茶炊里的开水，最后往杯子里放一块方糖，用小勺搅一下，一杯热乎乎的浓香甜茶就沏好了。俄罗斯族人喝茶时往往要配以果酱或甜点，如果只用茶水招待客人是会被耻笑的。

八、甜点

烤制甜点是俄罗斯族饮食的又一重要特色。俄罗斯族人喜欢吃甜点，甜点不仅是待客时的必备品，而且是日常喝茶时的作料。俄罗斯族人都是自己在家中的烤箱里烤甜点。她们烤制甜点以发面为主，主要品种有：奶油面包“布拉其给”（音译)、果酱派“比罗哥”（音译)、果酱卷“鲁列特”（音译)、圆柱形面包“古力其”（音译)；另外还有不用发面的饼干“皮且尼叶” （音译)、小面包圈“苏式给” （音译）等。

“布拉其给”是俄语奶油小面包的音译。它是用面粉、奶油、砂糖、鸡蛋等和的面经发酵后烤制而成的面点。其制作方法是：先将酵母在温水中化开，放白糖、盐各一勺，加入适量的面粉搅成糊状使其

发酵，待酵母糊充分发酵成泡沫状时，将适量的奶油化开，加入适量的砂糖，打入四五个鸡蛋，用打蛋机搅拌成雪花状，然后倒入酵母糊中再搅拌均匀，将干面粉徐徐倒入，和成柔软的面团，放在温暖的地方使其发酵。待面团发起，里面呈大蜂窝状，扒开一闻，酵母香味扑鼻，方取出面团，用手轻揉成一个个小圆面包，放入烤盘内，用毛刷蘸蛋糊刷在小面包上，放置30分钟后，再将烤盘送进烤炉内烘烤。出炉的“布拉其给”油亮金黄，入口酥软香甜，营养价值高，深受老人、小孩的欢迎。俄罗斯族喜欢吃甜食，所以经常在家里烤制“布拉其给”，除自己做早点食用外，还用于待客。

“甜点”布拉其给　（滕春华摄）

“比罗哥”是俄语果酱馅大烤饼的音译。其和面方法和用料与“布拉其给”相同，但制作方法比较麻烦。待面发好后，取出适量的一团轻揉，然后擀成与烤盘大小相同的长方形，放入烤盘内，取出果酱均匀涂抹于面饼上，然后取一团面做成细长条状，压扁，用刀在两侧切

出牙状，将其一条一条斜铺在果酱馅上，一层斜铺完后，又交叉斜铺一层，再用一根条状面沿烤盘内侧铺压一圈做“比罗哥”的边。做好的“比罗哥”放置30分钟后，还要在上面涂抹一层鸡蛋糊，送进烤炉烘烤。烤熟后取出烤盘，放凉、切块，装盘食用。

“比罗哥”由于制作复杂，所以一般在复活节、圣诞节和春节等节日时烤制。烤制“比罗哥”不仅增添了节日食品的种类，同时也渲染了节日气氛。这种甜点在烤制时，面包的香味和果酱的香味四溢，左邻右舍都能闻到充满在空气中的面包香甜味，叫人垂涎欲滴。它香甜、松软，入口既有果酱的酸甜味，又有面包的松软酥香，而且形美色亮人见人爱，是具有俄罗斯风味的节日甜点中的上乘佳品。

家庭烤制“比罗哥”　（滕春华摄）

“鲁列特”是俄语卷层面包的音译。它的制作程序比“布拉其给”稍复杂一些，但其和面方法和用料与“布拉其给”基本相同，只是待面发好后，取出较大一团，将其擀成饼状，在饼面上涂抹一层果子酱，撒一层核桃仁末，然后将面饼卷成圆筒状，放在烤盘中，发20分钟左右，再用毛刷蘸鸡蛋糊刷在其面上，将烤盘送进烤炉内烘烤。烤熟后的“鲁列特”要放凉后才可以切片食用。“鲁列特”还可以用奶渣做馅。

“古力其”是俄语圆柱形面包的音译。这种面包只在一年一度的复活节烤制，它具有祭祀的意义，所以又叫“巴斯尕”（音译），即复活节蛋糕。“古力其”的和面方法和用料与“布拉其给”基本相同，只是面要和得更软一些，另外面里还要放适量的葡萄干。待面团充分发酵后，取适量的一团，轻揉后放进专门烤制“古力其”的圆柱形铁容器内再次发酵。圆柱形铁容器内四壁要涂抹一层油，以免面包粘在容器上不容易剥离。面团的量只能占容器的 2/3，不能过多，以免面团溢出容器。待面团发至和容器平口时，将容器放进烤炉内烘烤。经高温烘烤，面团又会发起一些，在容器口形成了一个蘑菇顶状。烤制“古力其”要掌握火候，不断转动容器，使四面受火均匀，这样烤制出来的“古力其”就会上色均匀，整个外壁呈金黄色，而且保证熟透。“古力其”烤好后，取出烤炉、放凉，然后轻轻地取出容器，放在一个平盘上。取一只鸡蛋，打碎后把蛋黄分离出去，只保留蛋清，留在一小碗中，放入适量的砂糖，用打蛋机搅拌成雪花状（不流动），然后将雪花状的蛋清涂抹在烤好的“古力其”的蘑菇顶上，再在上面撒一些彩色碎糖粒，这样一个“古力其”就做好了。复活节时，每个俄罗斯族家庭都要烤制“古力其”，一般烤 3 个，其中 1 个供在家庭圣像下，摆放 9 天。做好的

“古力其” （滕春华摄）

“古力其”要在复活节前夜带到教堂去受祝福，复活节早晨，全家人要分吃这个受到祝福的“古力其”，它象征领受“圣餐”，据说吃了会得到幸福。

“比切尼叶”是用砂糖、奶油、鸡蛋、牛奶、面粉等和面，并加入适量的苏打粉。和好的面擀成厚薄均匀的饼状，然后用各种形状的饼干模子在面饼上压制出一个个饼干，并在其面上蘸上砂糖或抹上鸡蛋黄，摆放在烤盘上入烤箱烤制。烤熟的饼干装盘食用。

“苏式给”是一种用不经过发酵的面制作的传统面包圈，它的和面方法基本同饼干，只是油放得稍少一些。和好的面团揉成拉条子状，断成一个个长短一样的节，把两个头接在一起，成一个小圈，直径七八厘米。待一个个小面圈制作好后，放进开水锅里煮至八成熟，捞出来沥干后，再放进烤盘中烘烤使其上色。这是俄罗斯族的传统食品。做好的“苏式给”放多久都不会变质，吃起来干脆带点酥，也不怕压，常常作为上路的食物。过去，烤好的面包圈被用小绳串成一串一串地挂在钉子上当干粮。

九、果酱

除了烤制甜点外，俄罗斯族饮食的另一个特色就是自制果酱，它是俄罗斯族妇女的拿手活。

“瓦列尼耶”是俄语各类果酱的音译总称。果酱是俄罗斯族人生活中不可缺少的食品，它既是喝茶时的佐料，又是烤制各种甜点时必备的配料之一。俄罗斯族妇女几乎个个都是制作果酱的能手。夏秋季各种水果陆续上市，俄罗斯族妇女就将它们买回来自制果酱。她们做的果酱品种有：苹果酱、草莓酱、杏子酱、李子酱、葡萄酱等。

制作果酱时先要将新鲜水果洗净，除去把儿和核儿，将水沥干。根据果酱的用途处理水果：如果是做甜点用的果酱，就要将体积大的水果切成（揉成）碎块；如果是喝茶时食用的果酱，小颗粒的水果就保持原型。将水果放进搪瓷锅中，加入等量的白砂糖，在文火上慢慢煮，待白砂糖化成液状翻滚时，关炉火，让糖汁浸透水果，然后再上文火煮，这样反复几次，果酱就熬好了。熬好的果酱放凉后装入玻璃瓶，盖盖密封，存放在阴凉处，吃一年也不坏。自制的果酱不含任何防腐剂和色素，完全是用糖汁腌制的，吃起来口感好，保持了原水果的味道，维生素也不易遭破坏，是冬春季补充维生素的好食品。

果羹是俄罗斯族人平时喜欢喝的一种干（水）果汤，也是家宴时上的最后一道菜。俄罗斯族煮的干（水）果汤有两种，一种叫“给谢里”，一种叫“尕木波特”。

“给谢里”是俄语一种水果羹的音译。其制作方法是：将酸梅、樱桃、酸果等干、鲜果洗净，放在搪瓷锅中加水煮，待干果煮烂后，取碗调制一些淀粉糊，徐徐倒入果羹中搅拌，开锅后即可端下锅。稍放凉后盛碗用勺食用，食用时可根据口味加白砂糖。这种水果果羹可家庭平日食用，也可待客，是家宴后必不可少的一道饮食。

“尕木波特”是俄语一种水果羹的音译。其制作方法是：将杏干、桃干、葡萄干、酸梅干等洗净后放在搪瓷锅中加水煮，待干果煮软，呈饱满状时，即可下锅，放凉后盛碗用勺食用。食用时可根据自己的口味加糖。这种水果羹是俄罗斯族家庭常煮的水果羹，它甜里带酸，助消化，而且可以消除饭后的油腻之感。

十、腌制品

腌制酸菜也是俄罗斯族人饮食的一种特色。俄罗斯族人不仅喜欢吃生拌的黄瓜、西红柿和洋葱，而且喜欢把黄瓜和西红柿用大玻璃瓶子腌起来，封好口，冬春季吃。俄罗斯族妇女腌泡的黄瓜和西红柿是酸的，吃起来清爽可口，是下酒的好菜。她们还腌制一种混合酸菜，

这种菜是用黄萝卜、卷心菜配以适量的盐、茴香腌制的。具体操作方法是：用擦板将黄萝卜擦碎，用刀将卷心菜切碎，把它们混合在一起，摊开凉一凉，使水分挥发，然后撒上适量的盐、茴香，充分揉搓拌匀，装在坛子里，封上口，腌制半个月就可以吃了。腌制时盐放得不太多，所以腌出的菜是酸咸的，非常可口。吃时捞出来装盘，不必切，很方便，是待客下酒的好菜。

俄罗斯族人还有腌猪油和青鱼的饮食习惯。先将生猪膘切成长方块，放在木桶或坛子里，放一层，撒一层盐，最后盖上盖子，放置3个月才能吃。吃时，将猪膘切成薄片，夹在列巴中间吃。过去俄罗斯族家庭都腌制这样的猪膘油，在地里劳动中午不回家，都带上列巴和腌猪膘油在地头一吃就解决午餐了。俄罗斯族人也爱吃腌的青鱼，俄语叫“谢辽特卡”（音译）。腌鱼一般腌鲱鱼和青鱼，先将鱼的内脏和耳腮除去，把鱼晾干撒上盐，一个月后就腌好了。腌鱼是和煮熟的土豆一起吃的。现在老一代俄罗斯族人还保留吃腌猪膘油和腌鱼的习俗，但是已经不自己腌制了，年轻人则吃不惯这种东西。

十一、自制饮料

说到俄罗斯族人的饮料，除了茶以外，夏季还有清凉可口的“啤瓦”和“格瓦斯”。

“啤瓦”是俄罗斯族人的一种饮料，相当于市面上的啤酒，但口味有所不同。俄罗斯族人都非常喜欢喝“啤瓦”，而且许多家庭会自己制作，放在地窖里，一年四季饮用。“啤瓦”的制作方法是：将适量的啤酒花加入水中煮开，将一把面粉放入碗中，用煮开的啤酒花水烫面，待烫面冷却至36℃～38℃时，加入俄罗斯酵母和适量水搅拌，使其发酵，发酵后再加入适量的麸子搅拌，让其再次发酵，以上是做“引子”。烧一锅开水，然后冷却至36℃～38℃，把发酵好的面麸糊倒入其中，再加适量砂糖搅拌，倒入坛子中加盖保温，使其发酵24小时。家酿“啤瓦”时，俄罗斯人常喜欢在坛中加入苹果干、葡萄干、焦列巴干（上色用）等。24小时后将坛中液体过滤，根据口味再加入适量的砂糖、蜂蜜，搅拌，装瓶，加胶皮塞，放在太阳下暴晒2小时，然后冷却就可以饮用了。这是一种快速酿造“啤瓦”的方法。必须注意的是：装“啤瓦”的瓶子必须是深色的，白色瓶子容易爆炸。另外，酿造的“啤瓦”虽是一种绿色饮料，但由于多次发酵，它也是有度数的，如果贪杯是会醉人的，而且不易醒。“啤瓦”有开胃、解暑的功能。因为其中不含酒精，所以对人体无伤害。

“格瓦斯”也是俄罗斯族人喜欢的一种饮料。“格瓦斯”不含酒精，没有度数，是夏季里老少皆宜的一种纯天然饮料，如同汉族的绿豆汤，有败火、利尿、开胃的作用。“格瓦斯”的酿造方法是：将适量的啤酒花加入水中煮开，放凉至36℃～38℃，加入适量的砂糖、蜂蜜、葡萄干、焦列巴干、适量的俄式酵母搅拌后，将液体倒入坛子内加盖，存放一两个星期让其自然发酵，然后就可以饮用了。一边饮用一边可以加入凉开水补充。自己会酿造“格瓦斯”的家庭，夏季里常用清凉的“格瓦斯”招待客人。

“啤瓦”和“格瓦斯”是俄罗斯族人平日里喝的饮料，节日或家宴时就会喝葡萄酒“维那格拉特”（音译）和白酒“俄得克”（音译）了。

十二、家宴

俄罗斯族人性格豪爽，热爱生活，喜欢热闹。他们除了节日聚会外，平时还喜欢搞一些各种名目的家庭宴会，如庆贺生日家宴，乔迁之喜家宴，为主人买新家具洗礼宴，为主人买新衣洗礼宴，纪念亡者周年家宴，为朋友送行、接风宴等，总之，不放过每一个联络感情的机会。

俄罗斯族人的家宴并不复杂，但气氛很热烈，充满浓郁的欧式饮

食风格。首先被邀请的客人一定要按时出席，而且被邀请的客人都比较注重衣着打扮。男士一般要穿西服，打领带；女士要穿华丽的服装，还要施以淡妆，以示对主人的尊敬。

家宴桌子的摆设别有一番风味，俄罗斯族使用的餐桌是长方形的，如果一桌客人坐不下，再拼一张长桌，桌子上一定要铺桌布。宾主围在一长条桌上，不分桌，不分男女老少，一律围桌而坐，显得平等、亲切，便于感情交流。在家宴正式开始以前，餐桌上先要摆上糖果、果酱、饼干、小面包之类的食物，配以喝茶用。客人到来后，主人热情迎接。让座并即刻端上热茶。待客人到齐后，大家入座，家宴便开始了。家宴的饭菜由三部分组成：一是凉菜，二是热菜，三是甜点。俄罗斯族的家宴不太讲究饭菜的种类多少，有几样可口的饭菜，有足够的酒，有甜点，能玩得开心，就足够了。凉菜主要有以下几样："尕勒巴撒"（火腿肠、灌肠）、"西辽特卡"（生吃的咸鲱鱼）、"萨拉特"（凉拌菜）、"依克拉"（鱼子酱）、腌酸黄瓜等。喝过几杯酒后便开始上热菜，地道的俄罗斯式上菜顺序是：第一道先上"苏波汤"，每人一盘，用勺喝，上"苏波汤"的同时要上切成片的"合列布"（列巴）。第二道菜上"尕得列得"（红焖土豆肉饼）。第三道菜是"布里内"（油煎鸡蛋薄饼），同时要上"司灭达那"（酸奶油），它是用来涂抹在煎饼上的。第四道菜是"比拉什给"（油炸包子），要趁热吃。

正餐过后，撤去桌子上的残余食物，擦净桌面，主妇就开始上甜点了。甜点是俄罗斯族家宴上不可缺少的食品，甜点的种类和质量也反映出俄罗斯族家庭主妇的聪慧和手艺。俄罗斯族家宴上的甜点样式品种较多，像果子酱、酸奶油、"布拉其给"（奶油小圆面包）、"鲁列特"（卷心面包）、"比拉什给"（果酱馅的小点心）、饼干等。客人们边喝茶、边品尝甜点并不时向主人献上几句赞美的话语。这时主人又为客人们端来一碗碗水果羹。

激情演唱的俄罗斯族老人们 （刘国兴摄）

吃完水果羹后大家情趣盎然，有人已领头唱起了俄罗斯民歌，其他人也随着合唱起来，唱歌时自然地分成高、低音双声部。这些俄罗斯民歌都是20世纪30年代时流行的，被中国俄罗斯族流传至今，现在会唱的人不多了。唱完民歌又唱起了欢快、诙谐的民谣，你唱一段，我唱一段，歌声此起彼伏像赛歌。手风琴手拉起了手风琴（或放手风琴录音带），欢快、激动人心的俄罗斯曲子让人按捺不住跳舞的欲望，纷纷离座在空地上跳起了俄罗斯族传统的民间单人舞蹈——阿吉努什卡（踢踏舞）。阿吉努什卡是俄罗斯族的民族魂，每一个俄罗斯族人都会跳。它不受场地、人数、年龄的限制，不论是在家庭斗室，还是在户外旷野；不论是几个人，还是上百人；不论是少年，还是老年，只要听到手风琴奏出的欢快曲子，就会不由自主地跳起来，可以毫不夸张地说，节奏明快，步点轻盈，变换多样，活泼、热烈、奔放的阿吉努什卡就是俄罗斯民族的象征。

阿吉努什卡跳累了，就跳华尔兹舞。唱一会儿歌，跳一会儿舞，边唱歌边跳舞，直到歌舞尽兴方才散去。客人们临走时要向主人告别说“谢谢你们的饭菜，谢谢你们的酒，谢谢你们的甜点，谢谢你们的招待，祝你们明天的生活更幸福”之类的话。

俄罗斯族的家宴没有贵贱之分，有的只是主人的一片热情和真诚。大家聚餐的主要目的就是交流感情，加强联络，用歌舞唤起人们对生活的热爱，对民族的热爱。

第三节　飘逸的“布拉吉”

服饰反映出一个民族的文化和生活水平，表现了该民族的文化价值取向。俄罗斯族具有民族特色的服装更是该民族人民千百年来智慧和艺术的结晶。俄罗斯族是一个热爱生活的民族，无论生活贫富，清洁、端庄的服饰永远给人一种高雅、文明的感觉。俄罗斯族服饰的最大特点是：男人穿上衣、裤子；女人穿上衣、裙子或连衣裙。男人服饰的颜色，除了衬衫是白色外，主要以黑色、蓝色、灰色、咖啡色为主；女人服饰的颜色除了衬衫多为白色外，多喜欢穿红色、桃红色、天蓝色和宝石蓝色，连衣裙和裙子主要以花色为主，总之喜欢穿花色和颜色明亮的衣裳，而且不受年龄的限制。俄罗斯族人无论男女都穿皮鞋。

一、俄罗斯族妇女的服饰

传统的俄罗斯族妇女不穿长裤，一年四季都穿裙子，俄语叫“尤普卡”（音译），过去俄罗斯族妇女穿的裙子是用棉布缝制的，又肥又长，一直拖到脚面，走路、上、下台阶时，都需用双手提起裙摆，以免跌倒。现在俄罗斯族妇女穿的裙子多用丝绸、化纤、毛布等布料，而且裙长一般在膝盖以下，俄罗斯族妇女绝不会穿长度在膝盖以上的短裙。不论是夏季穿的绸裙，还是冬季穿的呢子裙，里面都要穿一种叫"尼日那亚尤普卡"的衬裙。衬裙是俄罗斯族妇女必不可少的内衣之一，它是用棉绸或丝绸缝制的，分长、短两种。

俄罗斯族妇女喜欢穿一种叫"萨腊范"（音译）的无袖长裙，这种长裙常穿在衬衫或薄毛衣上。春秋季的"萨腊范"是用哔叽布或混纺布缝制的，冬季穿的"萨腊范"是用薄毛呢布缝制的。"萨腊范"是俄罗斯族妇女传统的服饰，古老的"萨腊范"长至脚面，现在穿的一般长至膝盖以下。"萨腊范"既无领也无袖，领口开的较大，便于穿脱。领口有圆形的、方形的和V字形的。在式样上，年轻女子喜欢穿下摆为小喇叭式的，中老年人则喜欢穿直筒式的。

俄罗斯族女式服饰　（戴玉萍提供）

俄罗斯族妇女穿的传统民族衬衫叫"布鲁孜卡"（音译），传统俄式女衬衫是一种套头衬衫，有长袖和短袖两种，袖笼肥大，袖口用松紧抽起来，领部分无领和小立领两种，无领衬衫的领口抽有皱褶，其中穿一根丝带并在胸前打一个蝴蝶结。俄式传统女衬衫是用白色亚麻布或白平布缝制的，并由心灵手巧的俄罗斯族姑娘用彩色丝线在领边、胸前、肩部及袖口处绣上十字绣图案，而且穿的时候要把衬衫下摆掖进裙子里，显示出女性的线条美。姑娘们常常穿上自己绣的衬衫到人群中去展示自己的手艺，引起小伙子的青睐。现在穿这种女衬衫的人少了，只有在婚礼和传统节日时才能见到。

俄罗斯族妇女一年四季都穿连衣裙，俄语叫“布拉吉”（音译），它是俄罗斯族妇女最喜欢穿的服饰之一。夏季的布拉吉多用丝绸、麻纱、乔其纱等布料缝制，既柔软又凉爽；冬季的布拉吉多用毛布、薄呢子等布料缝制；春秋季的布拉吉多用哔叽、丝绒布缝制。夏季的布拉吉一般是无领、无袖或短袖的；秋冬季的布拉吉是有领的、长袖的。为了不使连衣裙的样式显得单调，俄罗斯族妇女常常会在夏季的连衣裙领口配上一个机制的网口领子或白色的领子作装饰领，这样显得清爽、典雅。不仅装饰领口，而且胸前也有装饰物，或装饰一些皱边或装饰一个蝴蝶结，总之，俄罗斯族妇女穿的“布拉吉”式样繁多，真可谓五彩缤纷。连衣裙的下摆一般有喇叭式的、腰间抽皱褶的和直筒式的。年轻人多喜欢穿喇叭式的，中年妇女多喜欢穿腰间抽皱褶的，老年人多喜欢穿直筒式的。各种样式的布拉吉均配以腰带。俄罗斯族妇女穿“布拉吉”在颜色和花色上不受年龄的限制，完全凭自己的兴趣和爱好选择，老人也可以穿红色或花色的，这就是民族特色。随着俄罗斯族妇女的穿着，“布拉吉”在新疆各族妇女中也流行开来，“布拉吉”一词也被当地民族借用。

除了穿“布拉吉”以外，俄罗斯族职业妇女常穿西装外套和毛织外套。

“哈拉特”（音译）是一种俄罗斯族妇女在家庭中穿的休闲工作装。它是一种宽松的长服，有领子，前面开口，左右两襟上各贴着一个口袋，腰间系着一根布带，样式像医生的工作服，不过是用花色布缝制的。“哈拉特”按不同的季节，用不同质地的布缝制。夏季的“哈拉特”是用薄的浅色的花布缝制的，短袖，穿在衬裙的外边；冬季的

"哈拉特"是用棉花绒布缝制的，长袖，穿在毛衣外。按习俗，俄罗斯族妇女下班归来或外出归来，必定会脱去外套换上"哈拉特"做饭，做家务。这种大罩衫宽大且前面开口，穿脱非常方便，而且透气性好，洗涤方便。"哈拉特"只能在家中穿，俄罗斯族妇女决不会穿哈拉特去公共场所，会被认为不文雅。

俄罗斯族妇女有戴头巾的习俗。头巾俄语叫"婆拉多克"（音译），它是俄罗斯族妇女日常生活中必备的服饰之一，每个妇女都有少则几条，多则十几条头巾，以备不同季节、不同场合使用。

佩戴传统头巾的俄罗斯族老人　（刘朔摄）

早年俄罗斯族妇女无论老幼都戴一种叫"切普其卡"（音译）的前沿带皱褶的小白帽，头发全包在里面，连晚上睡觉也戴着。因为俄罗斯族的枕头是白色的，且不用枕巾，戴帽子睡觉可以保持枕头的清洁，而且帽子天天都要洗。后来发展成了妇女戴头巾。头巾俄语叫"普拉多克"（音译），它是各种方巾的总称。一般日常戴的是一种七八十厘米见方的小方头巾，质地有丝绸的、棉的和毛的几种，颜色有白的、

蓝的、咖啡的和花色的几种。戴的时候，先把方头巾对折成三角形，戴在头上后，或在下颌处打个结，或在脖子后打结。

俄罗斯族妇女上街或参加婚礼、家宴时喜欢戴花色鲜艳的头巾，起到装饰、美化的作用。劳动、做家务、打扫卫生时戴头巾，起到卫生的作用。去教堂做祈祷，参加葬礼、葬宴时戴颜色深的头巾。上了年纪的老人更是头巾不离身，无论在家、出门还是睡觉都戴着头巾。

另外有一种具有民族特色的花披巾，俄语叫“克什米拉瓦亚沙里”（音译），它是深受俄罗斯族中青年妇女喜爱的服饰之一。这种披巾是正方形的，最大的边长约 140 厘米。颜色以赤褐色、宝蓝色、奶白色、黑色为多，上面配有大小不一的玫瑰花朵，花朵的颜色有玫瑰红、蓝、黄等，另外还配有绿色的叶子，颜色鲜艳华丽。这种披巾是用一种叫克什米尔呢的斜纹纺织品裁剪而成的，四面配以约 10 厘米长的穗。由于披巾的质地不厚，所以主要不是用来御寒的，而是起装饰作用的。每逢节日、喜庆之时，俄罗斯族妇女都会披上它装扮自己，表现民族特色。披戴时，将其两角对折成三角形，自然披在肩上。俄罗斯族妇女跳民间舞蹈时，总会披上花披巾，左右手各扯住披巾的一个角，脚下踏着民间舞蹈的音乐，手臂时而展伸，时而收回胸

俄罗斯族女式服饰　（刘同德摄）

前，做一些动作。俄罗斯族的“披巾舞”也因此而得名。

到了冬季俄罗斯族妇女就会戴一种叫“蒲哈瓦亚沙里”（音译）的毛围巾了。这是一种用毛线或绒线织成的方形大围巾，是俄罗斯族妇女冬季御寒的必需品。这种大方毛围巾呈宽约1米的正方形，颜色一般以驼色、深灰色为多。戴时，将其对角折成三角形，戴到头顶至额头发际处，然后抓住两个角，使其在胸前交叉，将其两角置于腋下，最后穿上大衣。这种毛头巾比较厚，手感柔软，戴在头上很暖和，是很好的御寒物品，而且也能保护背部和肩部，使其不受寒，所以，冬季里，俄罗斯族妇女有在家里披着大方毛围巾的习惯。另外，俄罗斯族妇女生过小孩后，老人必定会叫她把毛围巾围在腰上，说这样就不会得腰痛病了。

过去俄罗斯族妇女工作的少，大部分在家做家务，因此每个妇女都会围一条围裙，甚至上街都会戴着围裙。围裙俄语叫“法勒土克”（音译），千百年来它被俄罗斯族妇女演化成必备的服饰之一。俄罗斯族的围裙一般是用白色的棉布或浅色小碎花棉布缝制的。和裙子一样长短，围裙的三面镶了一圈一寸长的皱褶，上部有一个较大一些的口袋，里面是放钥匙或零食的地方。围裙必须天天洗，保持清洁，不然会遭到其他妇女的耻笑。俄罗斯族妇女挑选自己喜欢的花布，精心缝制围裙，从围裙我们可以看出一个民族的文化素养。

俄罗斯族少女头饰　（刘同德摄）

传统的俄罗斯族姑娘的发式是梳一条长辫子，辫梢用白色、粉色或蓝色缎带扎一个蝴蝶结，结婚后就要盘成发髻。小姑娘从小梳两条小辫子，中老年人梳发髻。俄罗斯族妇女头上喜欢戴一种弯状的曲齿梳子，一是梳理头发，二是装饰物。此外，俄罗斯族妇女喜欢戴镶嵌红宝石的戒指、耳环，戴项链。

二、俄罗斯族男子的服饰

俄罗斯族男子一般穿衬衫、裤子、外套，喜欢戴帽子，穿皮靴。

传统的男式套头衬衫叫作“卡撒瓦罗特卡”（音译），是一种领纽在侧面的男式套头衬衫，领口镶一约 3 厘米宽的小立领，偏开口处较长，到胸的位置，钉有小纽扣，十几个不等。这种斜领套衫的胸围和袖子宽大，便于男性劳动和穿脱方便。袖口镶一窄边或抽松紧收拢，衣长超过臀部，领边、偏开领处及下摆处都绣着彩色十字绣图案，腰间系一带穗的丝带。这种斜领衬衫多为中青年男子穿着。直开领的套头衫又分有领和无领两种，领边和直开口的两边均绣有十字绣图案。这种套衫多为中老年人喜爱。

过去，俄罗斯族人多居住在新疆的北部寒冷地带，到了冬季雪很厚，因此住在农村山区和城市里的俄罗斯族喜欢穿一种叫毡筒的雪鞋，俄语叫“媲美”（音译）。穿这种毡靴，既轻便又保暖，还能蹚深雪。因为毡靴的毡子比较硬，且靴腰又高，初穿的人有些不太习惯。

过去俄罗斯族男子穿一种叫“沙拉瓦雷”（音译）的灯笼裤，它是一种传统的俄罗斯男子穿的肥大裤子。这种裤子多用华达呢或条绒布缝制，臀部、裤腿都比较宽大，腰间和裤脚用松紧抽起来。由于这种裤子裤腿宽大，走起路来裤腿之间摩擦发出“沙沙”声，所以在俄语里的意思是：发出沙沙声的肥裤子。这种裤子以前多为农村劳动者穿用，劳动时腿部动作不受限制，裤脚抽松紧既卫生又不会被树枝等挂住，同时也防止麦芒扎皮肤，因而适合田间劳动和老年人穿着。城里的男子则喜欢穿马裤。

过去俄罗斯族人冬季穿的就是叫“斯基热尼卡”（音译）的竖道棉衣。它是一种冬季穿的御寒服。这种棉衣多用黑色或深蓝色棉布做面料，再配以深色布的里料，在两层布间絮上棉花，然后用缝纫机缝纫竖道明线（如羽绒服状），使棉花固定。此种棉衣的袖子是上袖的，也缝纫着竖道明线，袖口像西装小褂，是收口的。门襟是单排明扣，门襟边约 5 厘米宽，缝纫着间隔 1 厘米的竖道明线，一边缝着小黑扣，一边是扎上去的布扣环，领子是小立领。这种棉衣男女都可穿，男子还穿这种缝纫竖道明线的棉裤。由于这种棉衣是短的，工作劳动很方便，所以被作为劳动工装，在新疆流行过一段时期。

俄罗斯族人冬春季喜欢穿一种叫“尕罗什”（音译）的橡胶套鞋。它是一种穿在鞋外面的卫生鞋。套鞋是用橡胶制作的，黑色、矮帮、大圆口，鞋底宽大且厚，有凹凸分明的防滑纹。这种鞋是在春、秋、冬季穿着的，有卫生、防滑、保暖的功效，是一种文明鞋，深受俄罗斯族的喜爱。冬季俄罗斯族人喜欢穿一种叫“切萨尼给”的白色软毡靴。这种软毡靴是中腰的，它轻便、柔软又保暖，但只适合在地板或地毯上行走，所以老人出门时，就在软毡靴上套上胶皮套鞋，既防滑，又保暖，进屋便把套鞋脱掉。在化雪和多雨的季节，皮鞋受潮容易变形，损坏皮革，外出时套上胶皮套鞋，就可以避免这些损失，保护皮鞋。冬季穿单皮鞋在户外比较冷，套上套鞋就不会冻脚了。进入室内脱掉套鞋，又卫生又轻便。胶皮套鞋很容易清理，用湿布擦拭外表就可以保持清洁。

冬季俄罗斯族男女都喜欢戴皮帽，俄语叫“灭哈瓦亚沙布卡”（音译）。它分不同的样式、质料和颜色，俄罗斯族男子戴的皮帽有狐狸皮、黑貂皮、羊羔皮和羊剪绒等质地的，式样有船形的，平顶深沿儿

的，还有平顶皮面儿、护耳和护脖子部分是羊羔皮或羊剪绒的，这种皮帽平时将护耳和护脖子部分外翻折起来，用两根带儿在顶部系一个结，寒冷时放下护耳和护脖子部分在颌下系一个结，可护住脸颊，防止风寒。皮帽的颜色主要是黑色、深咖啡色和皮毛的自然色。俄罗斯族妇女戴的皮帽主要是狐狸皮和貂皮的，式样有平顶的和圆顶的，帽檐儿有浅的和深的。浅的露出耳朵，寒冷时可在上面加裹一块毛围巾；深的可直接把额头、耳朵护在里面。俄罗斯族戴帽子时讲究一定要围围脖儿。颜色主要有黑色的、咖啡色的和白色的。小孩的皮帽多是用羊羔皮和羊剪绒缝制的，形状像头盔，有黑色、咖啡色、灰色、白色等。

夏季，俄罗斯族男子常戴一种叫“夫拉日卡”（音译）的帽子。这种帽子的帽边和帽檐多为黑色和深蓝色的，常被职业工人和青年人所喜爱。还有一种叫“开普卡”（音译）鸭舌帽，一般为中老年人所喜爱。一般职员喜欢戴一种叫“什俩普卡”的薄呢帽和礼帽，礼帽多为黑色、深灰色和深蓝色。

俄罗斯族男子都喜欢穿一种叫“萨帕给”（音译）的长腰皮靴，穿靴子时不穿袜子，而是要打裹脚布。俄罗斯族妇女也喜欢穿女式的“萨帕给”，另外还穿一种叫“哥特雷”的半高跟高腰皮鞋，这种鞋是系鞋带的，有十多对鞋眼，沿鞋帮沿着毛饰。夏季俄罗斯族妇女喜欢穿一种叫“帕勒策灭内”的平底软皮鞋。

随着俄罗斯族人的迁徙和老一代匠人的亡故，制作俄罗斯族靴鞋的铺子也关闭了，但这种技术被伊犁当地的维吾尔族皮鞋匠承传。

俄罗斯族男女都喜欢穿大衣，俄语叫“帕里托”（音译），新疆人穿呢子大衣的习惯就是从俄罗斯族传来的，在当地少数民族的语言中大衣也叫“帕里托”。

第五章

多次迁徙的民族

俄罗斯族从他们最初定居中国发展到现在，已有 300 多年的历史了。在这 300 多年的历史进程中，其人口发展跌宕起伏，很不稳定。高潮时，人口数多达十几万人，低落时不足一千人。导致人口如此跌宕起伏的主要原因是：社会政治、中俄（苏联）关系。而这些原因直接导致了俄罗斯族的一次次跨境迁徙。

但是有一点是很清楚的：中国俄罗斯族定居中国以后任何时候都是以积极的态度与全国各族人民荣辱与共，为国家的建设做出了自己的贡献，为保边疆一方的安定英勇牺牲。因此，对中国俄罗斯族来说，中国就是他们的祖国。

第一节　新中国成立前俄罗斯族人口状况

关于新中国成立前俄罗斯族人口统计是一个较复杂的问题。苏联和中国新疆有漫长的边境线，由于当时边境管理不是很严格，所以由于种种原因，他们不定期地、松散自由地迁居中国。

最早大批移居新疆的俄罗斯人是吉尔加克人。据《俄罗斯族简史》

记载，根据民间传说，吉尔加克人是在道光十年（1830年）前后移居中国的。当时约有500多名吉尔加克人迁入阿勒泰地区布尔津的禾木和冲乎尔两地定居下来。后来人口有了较大发展，又在喀纳斯和海留滩开辟了两个居民点；另有少数吉尔加克人则迁居塔城和伊犁的山区。

据1943年统计，[①] 阿勒泰地区的布尔津县和哈巴河县共有吉尔加克人295户，1200余人。

早在1890年，沙俄的势力已伸到阿山区（阿勒泰地区）。把阿山当作了他们的殖民地，驱其国内的劳苦大众来这里垦殖。据《西北民族宗教史料文摘》记载，1891年，承化街（今阿勒泰）有俄罗斯族136户计294人。进入20世纪，这种行为有愈演愈烈的趋势。据《布尔津县志》记载：民国1年（1912年），沙俄迁移俄罗斯东正教民300余户在冲呼尔、铁列子河等地开垦土地，建立村庄。民国4年（1915年），俄人在布尔津河行船运兵、运粮、运械，并逐年将该国穷民迁于哈巴河、布尔津冲呼尔等处占渠种地。

以后逃入阿山的俄人也有相当的数量。据《西北民族宗教史料文摘》记载：1912年海留滩有俄罗斯族14户，166人；冲呼尔有俄罗斯族83户，374人，其巴铁列克有俄罗斯族12户。1916年，红莫河（禾木）有俄罗斯族89户，347人。海留滩的俄罗斯族也达20多户。十月革命后，他们中除少数返回苏联外，大多数留居在中国，并加入了中国籍，成了中国的俄罗斯族。

1927年，俄罗斯人40户通过阿克哈巴到达喀纳斯，又赶着雪爬犁顺着河冰向禾木前进，到1933年禾木的俄罗斯族多达100多户。[②]

1927年，开里铁盖有俄罗斯族34户、148人。1929年，克柯托海

---

① 《俄罗斯族简史》编写组．俄罗斯族简史．新疆人民出版社，1987：12.

② 新疆布尔津县委员会文史资料委员会编．布尔津文史资料．新疆八艺印务有限公司，2007：141～142.

有俄罗斯族16户、80人。[1]

据有关史料记载，1928～1935年，逃入阿山的俄人有240户。其中以1928～1931年为最多，为208户。其后因边境线封锁过严，逃路渐阻，等到盛世才政权逐渐巩固后，俄人就不能逃往新疆了。

据《布尔津文史资料》记载：1945年4月，冲呼尔、禾木、海留滩、克勒铁凯有178户、850人，其中俄罗斯族810人。当时布尔津镇上有俄罗斯族203人，布尔津全县有俄罗斯族1013人。

“自1918年至1922年间，俄罗斯有200多万人逃离了他们的国家，颠沛流离涌向世界各地。”[2] 其中一部分逃往新疆。

“十月革命”后涌入新疆的主要是战败的白俄军队和裹挟来的“难民”。1918年春，由伊万诺夫率领的300多名哥萨克官兵和大批“难民”窜入伊犁。当时经伊犁镇守使杨飞霞命令守卡军队解除了他们的武装，把他们安顿在三台一代居住。后来这批官兵从塔城出境。

1920年1～5月底，以阿连阔夫、杜托夫等人为首的5000多名白军，裹挟难民2000余人，先后窜入伊犁。

1920年2月末开始，由巴奇赤率领的白军窜入塔城，其中有官兵11 000余人，裹挟难民6000余人，马9000余匹。

1920年10月，白军头目申斯克带领1000余人携带武器，冲过边卡，进入塔城，被中国当局缴械后，一部分首恶分子被驱逐出境，大多数被塔城当局收容安置。

据杨增新《补过斋文牍》记载：[3] 由喀什逃入的白俄败兵投降于苏联，全部返回。1920年5月，塔什干苏维埃政府发布了对白卫军的赦免令。后经过伊犁、塔城当局的交涉和疏导，塔城先后遣返4529人，

---

① 西北民族宗教史料文摘新疆分册（下）. 甘肃图书馆，1985：849.
② 李兴耕. 风雨浮萍——俄国侨民在中国. 中央编译出版社，1997.
③ 癸集三，18，20.

其中军官 150，留下尚有 5716 人。伊犁迁返 3780 多人，留下 1170 余人。不少难民也陆续回国。

1932～1938 年，经伊犁遣返回国的华侨有 9000 余人，经塔城遣返的归国华侨有 10 000 余人。他们就在这两个地区的城镇和农村安家落户，1945 年后一部分华侨携俄罗斯家眷迁到了乌鲁木齐。

在此期间，除成批归国的华侨外，还有零散的俄罗斯人进入新疆。1941 年，德国法西斯向苏联发动突然袭击，当地华侨扶老携幼纷纷向东疏散和撤退，返回新疆，同时也有许多俄罗斯人为了躲避战乱，流入新疆，投靠亲友。

1945 年 11 月，苏联最高苏维埃主席团先后两次发布命令，授权苏联驻华领事馆恢复中国境内的俄罗斯人的苏联国籍。自布告发布后，原被称为“归化族”的俄罗斯人拥有了苏联国籍。这也为日后“苏侨归国”埋下了伏笔。

根据新疆警备司令部统计，1947 年俄罗斯族（时称归化族）人口是 19 392 人。这个数字是指当局登记造册的申请加入中国国籍的俄罗斯人人数。华俄后裔不在其中。

第二节　新中国成立后俄罗斯族人口状况

中国俄罗斯族在 20 世纪 50 年代中、60 年代初和 80 年代前后经历了三次较大规模的人口变迁。前两次（50 年代中和 60 年代初）主要是返苏，后一次（1964 年后，七八十年代）是移居澳大利亚等国。

一、遣返苏联

返苏的过程从 1954 年起到 1963 年止，从时间上分为两个阶段：1954～1955 年为第一阶段，1962～1963 年为第二阶段。新中国成立后，中苏两国国家和民间关系得到恢复和发展。苏联经济发展迅速，生活水平提高很快，对居住在中国境内的俄罗斯族影响很大。据《阿勒泰地区志》记载，1954 年 4 月 23 日，苏联驻华大使馆代办华申考来中国外交部称：苏联政府决定将在华苏侨接应回国，赴高加索、西伯利亚、哈萨克斯坦等地开荒。根据中苏两国达成的协议，伊犁、塔城、阿勒泰地区成立了协助苏侨回国委员会，专门处理此事。当时我国对苏侨及无国籍侨民归苏的态度是“无论苏侨或无国籍侨民或苏侨之中国籍家属，凡申请回国，经苏方批准者均准其回国”。在这种情况下，大批苏侨、无国籍侨民以及其中国籍家属通过合法签证返回苏联。

二、迁居澳大利亚等国

迁居澳大利亚等西方国家的俄罗斯族分下几种情况：

一是居住在伊犁州的无国籍俄罗斯族，当年伊犁州直属县（市）有 177 户 578 人申请去澳大利亚。1964 年共分 5 批 107 户 676 人去澳大利亚、智利、巴西等国家。1964 后又有一批定居呼伦贝尔盟地区的俄罗斯族人迁往澳大利亚。

1971 年 6 月 11 日，公安部、外交部、新疆维吾尔自治区革委会上报的《关于伊犁、塔城地区无国籍俄罗斯族和苏侨出境的处理意见》，新疆伊犁、塔城两地区公安机关即于 1971 年 10 月 16 日开始进行遣送工作。至年底，已从新疆遣送无国籍俄罗斯族 15 户 71 人经深圳出境赴澳大利亚。[①] 至 1980 年伊犁州的无国籍俄罗斯人全部遣送出境。[②]

二是有的俄罗斯族由于受到“文化大革命”的影响，在 20 世纪 60 年代移居澳大利亚的俄罗斯族纷纷为他们做保人。这种迁居是零零星星的，个体（家庭为单位）的行为，从 20 世纪 70 年代中一直延续到

① 新疆维吾尔自治区地方志丛书．新疆人民出版社，2004.

② 伊犁哈萨克自治州志编纂委员会．伊犁哈萨克自治州志．新疆人民出版社，2004：391

80 年代初（至 1984 年）。

经过以上的迁移，新疆俄罗斯族人口急剧下降，1978 年仅剩 600 人。

三、改革开放后的俄罗斯族人口

党的十一届三中全会后，民族政策得到进一步落实。俄罗斯族人口也开始复兴。俄罗斯民族人口的复兴离不开国家的强盛，离不开党的正确领导，更离不开党的民族政策的深得民心。

1953 年第一次全国人口普查，中国有俄罗斯族 22 656 人，其中新疆有俄罗斯族 22 166 人。1964 年第二次全国人口普查，中国仅有俄罗斯族 1326 人，其中新疆有俄罗斯族 1191 人。1978 年新疆有俄罗斯族 600 人。1982 年第三次全国人口普查，中国有俄罗斯族 2917 人，其中新疆有俄罗斯族 2662 人。1990 年第四次全国人口普查，中国有俄罗斯族 13 500 人，新疆共有俄罗斯族 8082 人。2000 年第五次全国人口普查，中国有俄罗斯族 15 609 人，新疆有俄罗斯族 10 598 人。2007 年新疆有俄罗斯族 11 609 人。

2010 年第六次全国人口普查，全国有俄罗斯族 15 393 人，其中新疆有 8489 人，内蒙古有 4673 人，北京市有 343 人，天津市有 119 人，河北有 103 人，辽宁有 185 人，黑龙江有 312 人，上海市有 209 人，江苏有 109 人，山东有 128 人，广东有 125 人（百人以下略）。

我们从上述俄罗斯族人口统计数字中可以看出新疆一直是中国俄罗斯族的主要聚集地。另外，我们也看到了从 1953 年第一次全国人口普查后到 1990 年第四次全国人口普查之间的 30 多年的时间内，俄罗斯族人口数字呈现给我们一个 V 字图形，从 1982 年第三次全国人口普查新疆俄罗斯族人口 2662 人到 1990 年第四次全国人口普查新疆俄罗斯族人口 10 598 人，这不是俄罗斯族人口自然增长率所致，而是党的民族政策的光辉体现。

从1982年第三次全国人口普查开始，全国陆续恢复和更改民族成分的有260多万人。这期间新疆维吾尔自治区侨联和民委发出通知允许归侨（华侨和其俄罗斯族妻子在苏联生育的子女）将自己和其子女的民族成分自愿改为俄罗斯族。一些原先更改俄罗斯族民族成分的俄罗斯族人又将其民族成分改回来；华俄后裔的子女可以选择填报汉族也可以选择俄罗斯族。在党的民族政策的关怀下，新疆和内蒙古的华俄后裔开始办理民族改迁手续，其中额尔古纳市华俄后裔有2000余人改为俄罗斯族。目前，中国俄罗斯族90%的人口构成成分就是俄汉后裔。

1994年4月，经内蒙古自治区民政厅批准，成立了恩和俄罗斯族民族乡。2001年4月16日经内蒙古自治区民政厅批准，恩和乡和室韦镇合并成立室韦俄罗斯族民族乡。

俄罗斯族老人和孙女　（滕春华摄）

第三节　注重礼仪的俄罗斯族

一、社交礼仪

著名的俄罗斯作家安东契克夫有一句名言："人的一切——面貌、衣裳、心灵和思想都应该是美好的。"俄罗斯族是一个讲究文明礼仪的民族。举止文明文雅是人们崇尚的品质，不文明则受到世人歧视。

他们迎接远方来客的传统礼仪是献上列巴和盐。列巴和盐是指放在绣花面巾的托盘上的圆列巴和一小碟盐，这是最高的礼遇。主人捧出列巴和盐来迎接客人如同藏族献哈达一样，表示最高敬意、最热烈的欢迎，通常在隆重的场合才这样做，对方则要用手掰一小块列巴，象征性地蘸一下盐，然后吃掉，表示接受崇高的敬意。

俄罗斯族平素就比较注重礼貌，一般熟人见面一定会点头打招呼，并道声："您好。"早上第一次见面都要问声"早上好"，白天见面道一声"您好"，晚上见面道一声"晚上好"，道别时说一声"晚安"，言谈话语中离不开"请"、"对不起"、"谢谢"等词语。

除了问好外，俄罗斯族还施以亲吻的礼节。长辈亲吻晚辈的面颊，表示疼爱，尤其是长辈对隔代晚辈表示疼爱和赞许时吻额头。晚辈吻长辈的面颊表示尊重。成年女性好友相遇或看望时，常拥抱亲吻面颊。平时常见面者或一般同事间只问好，不拥抱、亲吻；长时间不见面关系密切者之间，才拥抱，亲吻面颊。亲兄妹久别重逢或分别时，通常拥抱，吻面颊，而且男女无别。一般来说女性间多拥抱，吻面颊；男性间多握手，拥抱。只有夫妻间才吻嘴，特别是婚礼上新郎新娘必须当众亲嘴。

如果一个家庭成员出门远行，全家人就会在其出门前静坐几分钟，心里默祷祝他一路平安。告别时互相拥抱，亲吻，送行者会说："斯帕果木。"（音译）意思是：老天保佑。或者说："思恰似里瓦亚达罗尕。"（音译）意思是：一路平安。远行者则回答说："斯恰似里瓦·阿斯塔瓦嚓。"（音译）意思是：祝你在家平安。如果出门者是年轻人，他还要脱帽对老人施以深深的鞠躬礼。

外出时要衣着整洁，尤其去朋友家做客，一要按时，二要服装整洁，这既反映了本人的素养，也是对主人的尊重。俄罗斯族热情好客，朋友之间的往来比较密切，喜欢经常邀请朋友来家中餐饮。到俄罗斯族家里去做客，一定要先敲门，并说："可以进来吗？"在得到答复后方可入内。进门前，首先应在门口的擦脚垫上擦净鞋底再进屋。如果主人家是木地板，一定要脱鞋进入或换上主人提供的拖鞋。进屋后，要脱掉外衣，男士一定要脱帽子，向男女主人问好。进屋后不要随便坐人家的床，要坐在椅子或沙发上，或主人指定的地方，如果屋内有其他人，要逐个说您好。

俄罗斯族家中来了客人，女主人一定会热情招待，为客人端上茶水，摆上糖果、甜点和果酱类招待。俄罗斯族人有个习俗，不能只用茶水招待客人，家中实在无其他招待食品时，可以把列巴切成片端上来招待客人。另外，不要在主人家随便吸烟，如果要吸烟，最好先征得主人的同意，还应注意烟灰和烟头不要乱扔，要放进烟灰缸内。

和别人谈话时，不要当着大家的面抠鼻子，对面打喷嚏，这样会引起大家反感。朋友们或家人在一起时，有人打了喷嚏，其他人就会说"祝你健康"，当事人也会说声"谢谢"。

朋友见面用力握手表示关系亲近，遇上上级、长辈、妇女时不能先伸手。握手时要摘手套，身子站直，保持一定距离，不能用力摇对方的手，否则被人认为没有教养。如果对方是初次见面的妇女，一般不握手，而是鞠躬。几个人相互握手时，忌讳形成十字交叉形。俄罗

斯族有妇女优先的习俗，上下车时，男士请女士在先，入座时请女士先坐，吸烟时需先征得在座女士的同意，晚会或宴会后送女士回家。

俄罗斯族很注意不在公共场所高声喧哗，不随地吐痰，行走或乘车时主动为老人、孕妇让路、让座。

二、家庭礼仪

俄罗斯族家庭中老人不仅受到尊敬，而且地位较高，儿女赡养老人被看成是天经地义的事。儿女下班，孙儿孙女放学回到家要先向老人问好。老人一般不承担沉重的家务劳动，偶尔做做饭，看看孙儿孙女。吃饭时老人坐上首，饭先给老人盛。俄罗斯族中一般没有虐待老人的事。父亲在家中占主要地位，是威严、权力的象征，一般一家人的团聚饭一定要等到父亲回家后才开始；母亲主管做饭，总是照顾别人吃完后自己才吃，儿女只当助手。吃饭的时候注意不要嚼出声来，不能将列巴渣掉在地上，桌上的饭渣要吃掉，如果不捡干净，老人就会说："上帝不允许这样。"吃过饭离开餐桌时孩子总要说声："谢谢爸爸、妈妈。"过去老人在饭前还要作祈祷，祈祷词大意是："主啊！我赞美你慷慨的双手，让我今天吃饱、喝足，请您明天不要遗忘我。"

家中的兄长对自己的姊妹有保护的义务，如果外人欺负了自己的姊妹，兄长就会挺身而出，伸张正义，俄罗斯族人对家庭的名誉很重视。

以前，俄罗斯族的家庭多是由三代人组成的大家庭，现在已趋向于两代人的小家庭，但丧失劳动力的老人则是和儿女生活在一起，或是和长孙、长孙女生活在一起。老人可以和儿子生活在一起，也可以和女儿生活在一起，没有严格的规定。俄罗斯族人有一个习俗，分开过的儿女总是把自己的第一个孩子送到老人处抚养，他们对老人说："骨头是我的，肉是你们的，你们可以教育，可以打，只要骨头不断。"（义译）。

三、诞生礼

在俄罗斯族看来怀孕是件喜事，但生产日期在产前要尽量保密，因为俄罗斯族人自古迷信地认为知道产期的人越多，生产就会越困难。遇到难产，有解扣、开锁等风俗习惯。

在农村一般由接生婆接生；在城市的去医院生产。孩子生下来后，不仅不再保密，而且大事声张，大摆酒宴，前来探望、祝贺的人要送礼，一般送煎饼、鸡蛋、婴儿的服饰等。

俄罗斯族提倡新生儿用母乳喂养，而且老年人认为不必定时喂奶，他什么时候想吃，就什么时候喂。俄罗斯人很重视婴儿的清洁卫生，每天都要为婴儿洗头、洗澡一次。新生儿睡在摇篮里，俄语叫“留里卡”（音译）。民间的摇篮多是自制的：用四根木头钉一个长 1 米左右，宽 60 厘米左右的木框，木框下部用帆布或麻袋布包裹，并使其下凹，木框四角各拴一根结实的粗绳，四根绳头合拢留一定长度后系一个结，只留一根长短适度的绳头拴一个铁钩，铁钩挂在钢簧上，钢簧固定在房梁上。摇篮内铺上小褥子、枕头。婴儿吃饱后放入其内，盖上小被子，轻轻摇动摇篮，婴儿可很快入睡。摇篮可以上、下、左、右轻轻摇动，不用时，可从挂钩处取下放在一边。

四、产后习俗

按俄罗斯族的古老习俗，产妇不坐月子，产后也没有什么特别的禁忌，可以洗澡、碰冷水，一切根据自己的情况而定。一般生孩子7 天后，就与常人一样操持家务。产妇生过孩子 3 天后，亲友们就可以看望，来看望的人一般带自制的食物，如鸡蛋煎饼、煮鸡蛋等，此种习俗俄罗斯族人叫“纳祖波克”（音译）。按俄罗斯族人的习俗，孕妇不可以探望产妇，因为他们认为孕妇会把产妇的奶水带走，产妇奶水会

减少。

信仰东正教的俄罗斯族妇女经期和产后40天内不允许进教堂作祈祷，被认为不清洁。产妇生孩子40天后才能去教堂，神甫为她祈祷后，从此可以去教堂过宗教生活。

俄罗斯族人允许亲友在月子里探望产妇，但忌讳来探望者当面称赞婴儿，认为不吉利，小孩会生病。一般来探望者都会反语相祝，如说孩子长得难看，长得丑之类的话。主人听了不但不生气反而高兴。如果遇到有人当面称赞婴儿，老人就会做出口唾唾沫状，并用俄语说："叽咕那亚自克。"（音译）意思是：让你烂舌头。因为俄罗斯族老人认为婴儿被生人称赞过后，像受到了咒语，必定会生病。

五、命名礼

命名是俄罗斯族人的一个古老习俗，以前由于教会的垄断，婴儿的命名仪式必须在教堂中进行，因此当某个家庭中诞生了婴儿，就要抱到教堂去由神甫起名，届时神甫会翻开宗教日历，按上面圣徒名字的顺序给婴儿取一个名字，然后宣布：为神父、神子、神灵的奴隶起名为×××，阿明。这种由教会命名的方式是不尊重家人意愿的行为，而且有时会出现一家人中重名的现象。这种由教堂（会）命名的规定一直延续到20世纪20年代才有所改变。从此以后，俄罗斯族家庭中新出生的婴儿就由父母或家中其他成员或好友给起名，然后由孩子的父亲或其他人抱着去教堂告知神甫登记，神甫则要为新生婴儿祈祷、祝福，祝孩子健康成长，成为一个伟大的人等。现在这种为新生儿命名的旧习俗早已废除。

俄罗斯族人家庭中有新生儿出生，经常是由父母或家庭中其他成员为其起名，但按俄罗斯族人的习俗，第一个孩子的名字多由祖母给起。

六、洗礼习俗

相传古斯拉夫人认为水是生命的源泉，婴儿呱呱落地，全族人都要聚集在水边，请术士用清泉水为孩子沐浴，念经驱邪，并为孩子预卜未来的命运。这大概就是洗礼习俗的最早根据了吧。洗礼后来被教会认定为入教的仪式。东正教规定，婴儿出生后要尽快接受洗礼，并且认为越早越好，因为婴儿一旦夭折，还没有受过洗礼，是不能进入天国的。后来洗礼就演化成俄罗斯族的一个民间习俗，因为给小孩洗礼的同时要为其认教父、教母，俄语分别叫作“克辽斯特内”（音译）和“克辽斯特娜亚”（音译）。因为这种称呼是由接受施洗孩子而形成的一种关系，所以是一种宗教亲谊。在民间教父和教母相当于汉族的干爸、干妈，不同的是俄罗斯族的教父、教母必须是经过洗礼仪式才确定的认定，有其法定的意义。小孩的教父和教母一般是在孩子出生前或出生后由孩子的父母选定的，他们一般是孩子父母的好友，也可以是孩子父母的兄弟姐妹。俄罗斯族人选教父、教母一般不限年龄和婚否，但必须是受过洗礼的，而且规定教父和教母不能是夫妻关系，据说是上帝不允许的。

洗礼仪式一般在教堂由神甫主持进行，进行洗礼时，孩子的父母不能在场，而要由教父、教母参与。在此前教母要为受洗小孩准备一套新衣服；教父要为其买一个小十字架，在受洗后为小孩穿戴上。洗礼这天受洗者随同教父、教母及亲友一行人来到教堂，神甫稍做准备后仪式便开始。首先，教父、教母及受洗者在神甫的引领下绕洗礼盆三圈，然后神甫念规定的礼文对受洗者施洗。洗礼分注水洗礼和浸礼两种：注水洗礼是神甫给受洗者额头注少量的水，让水从额头流下，这种洗礼一般用于成年人受洗；浸礼是神甫引领受洗者全身浸入水盆中片刻，这种方式多用于儿童。洗毕将孩子抱出洗礼盆，交给教父、

教母擦干，穿衣，接着神甫从受洗者额头上剪下一小撮头发用蜡油包裹，扔进洗礼盆中，头发漂在水面则象征这个孩子的命运好，活得长。受洗者如果是男孩，神甫要抱其进入神室内绕一圈出来；如果是女孩则抱至神龛前便返回。另外神甫还要将圣油抹在受洗者的额头，象征受洗者得到了上帝的恩宠和印记。神甫为受洗者祈祷、祝福，众人一起为受洗者唱圣歌祝福。洗礼仪式结束后，受洗者的父母要在家中宴请教父、教母和其他客人。从洗礼起，孩子就被以教父、教母为代表的社会接受为其成员。按俄罗斯族的习俗，教父、教母就如同孩子的监护人，他们有与孩子的亲生父母同等的教育、抚养孩子的权利和义务。孩子过生日，教父、教母要送贺礼；孩子不听父母的话，教父、教母可带回去教育，由于不是亲生，孩子往往会收敛不良行为；孩子的父母生病、过世，教父、教母就要承担起抚养、教育孩子的义务；孩子长大后的婚事教父、教母更是责无旁贷，而教父、教母家中的困难，教子、教女也有义务承担。

孩子一周岁时一般要为其过生日，孩子的父母请客，教父、教母要送贺礼，其他来宾一般不送礼。席间，教父用刀在小孩的两腿间象征性地砍三刀，口中说：让他走路吧，不要摔跤。此仪式象征孩子从此开始走路了，一切对腿脚的束缚都解除了。大家举杯为孩子的健康、幸福干杯。吃过饭后大家要唱歌、跳舞。

第六章

文化教育与文学创作

第一节　走到哪里就办学到哪里

俄罗斯族对教育非常重视，几乎走到哪里就把学校办到那里，移居中国新疆后，无论是居住在伊犁、塔城、乌鲁木齐等地的“贸易圈”内，还是居住在伊犁、塔城、阿勒泰等地的县城或山区、农村，只要是俄罗斯族人聚集的社区、村落，都建有俄罗斯族学校。他们或家庭办学，或集资办学，或由俄罗斯族文化促进会（以下简称归文会）办学，各类学校的不断建立，使俄罗斯族的教育事业得到不断发展。

总之，在1949年以前的新疆地区，俄罗斯族人的文化教育水准远远高于当地居民。许多俄罗斯族人完成了中学教育，有的甚至受过高等教育和中等职业训练。

一、伊犁地区俄罗斯族学校

1871年，沙俄出兵侵占了伊犁，实施了长达10年的殖民统治，其间，沙俄将大批俄罗斯人迁居伊犁，开展垦殖。因此，当时伊犁的俄罗斯族人数是最多的，为解决俄罗斯族人子女教育问题，在俄罗斯族

人聚集的农村、社区开办俄罗斯族学校也势在必行。在归文会成立以前，各地的俄罗斯族学校由商总、乡约组织建立。学校的经费开支也有商总、乡约办事处负责。

约于20世纪初，伊犁创办了一所俄罗斯族学校，地址在现在的伊宁市第一小学院内。学校建立之初，共开设了两个班，授课全用俄语。授课方式、内容及学制都仿照旧俄。现在居住在伊宁市的俄罗斯族退休老人列奥尼德（戴国治）在20世纪40年代初曾上过这所学校，上了两年后因家境困难辍学，后又去昭苏卡拉干达俄罗斯村小学学习。大约于20世纪20年代伊犁办了一所俄罗斯族中学（五至七年级），这所学校采用苏联式的教学方法和学制，教材是从苏联进口的，教师全是俄罗斯族。

1930年，由俄罗斯族著名人士司罗米茨基、普罗科波夫、扎玛塔耶娃等人主持，在地方政府的帮助下，借用海关的一幢办公楼作为校

新疆伊犁伊宁市的俄罗斯族学校　（姚远摄）

舍，创办了一所俄罗斯族学校——中俄学校。[①] 这所学校以俄文为主，中文为辅，不仅招收俄罗斯族学生，也招收其他民族的学生。20 世纪 30 年代该校的校长就是司罗米茨基·谢尔盖·叶菲莫维奇。1934 年创建了胜利小学，不久又开办了十年制的俄罗斯族中学。为了培养俄罗斯族的师资，伊犁还举办了俄罗斯教师培训班。

1935 年，归文会成立后，兴起了群众集资办学的高潮，绥定县（1939 年）也办起了俄罗斯族学校，该校校长叫舍列夫。此外，伊犁昭苏阿克达拉俄罗斯村、卡拉干达俄罗斯村、特克斯克孜库勒俄罗斯村、巩留莫乎尔俄罗斯村、新源阿热勒托别俄罗斯村、尼勒克乌拉斯台俄罗斯村，绥定县、芦草沟、清水河、大西沟等俄罗斯村都办起了俄罗斯族学校。学校规模不大，多则 6 个班，少则 3 个班。学校教材多由伊犁的俄罗斯族自己编写，也从苏联购进。

20 世纪 30 年代，伊犁有一所伊宁中学，也叫“五族中学”，其中办过两个俄文班，该班中绝大多数是俄罗斯族学生，也有其他民族的学生。该班以俄文为主，每天有一节汉语，班主任兼俄文教师的是尼娜·帕夫罗娜和阿列夫吉娜·帕夫罗娜姊妹俩。

1935 年 9 月 1 日，省政府将伊犁公立、民立归化学校一律改为公费，纳入财政管理。

据伊犁州档案记载：民国 26 年（1937 年）3 月 7 日，伊犁行政长咨财政厅，查伊犁宁归化学校 14 处，每月应领经费前经米顾问在伊犁时与行政长官一再磋商核减每月准支薪银 762 950 两，杂费银 6 万两，暑假不支杂费，因不能按月拨到，暂由敝职拨借。

据 1945 年 12 月三区革命“临时政府”教育厅年终统计，伊犁地区有俄罗斯族学校 13 所。

1946 年，伊犁的归文会（后改为苏侨协会）又创办了一所俄罗斯

① 《俄罗斯族简史》编写组．俄罗斯族简史．新疆人民出版社，1987：38.

族学校，叫斯大林中学，这是一所高中学校，学制为三年（8～10年级）。现居住在伊宁市的尼娜老人在新中国成立前就曾在该校学习过。据老人回忆：当时的校长是谢尔盖·伊万诺维奇，教师有：塔玛拉·拉法依诺夫娜、玛丽娅·彼得罗夫娜、柳得米拉·米哈伊罗夫娜等。该校采用苏联学制，教材是从苏联进口的，教师全是俄罗斯族。主要课程有：俄语、苏联现代、古典文学、数学、物理、化学、苏联历史、世界地理和苏联地理、生物、植物等课程。该校的学生主要是俄罗斯族，也有其他民族的学生，他们都是受过俄语初中教育的。该中学于1958年开始民汉合校，改为七中。1960年时，教导主任是柳德米拉·米哈伊洛夫娜。

二、新恢复的伊宁市俄罗斯族学校

1981年，市教委在伊宁市六中办了一个俄语班，招收了三十几名学生，几乎全是俄罗斯族，学生的年龄参差不齐，但俄文水平较高。1985年，根据伊犁地区俄罗斯族的愿望和要求恢复了伊宁市俄罗斯学校，学校采用苏联小学、初中连读的七年学制，教材也是从苏联进口的，教学以俄文为主。建校后的第一任校长（1985～1993年）是尼娜·瓦西里耶夫娜·格列什娜，俄罗斯族，教师有：盖纳吉、丽吉亚、巴里斯、塔吉亚娜、尼卡拉依、塔玛拉·依瓦娜（锡伯族）、奇那呢（锡伯族）、阿丽亚（维吾尔族）等。这些教师都是俄罗斯族学校（斯大林中学）高中毕业的。当时每个年级一个班，每班人数有15～20人。

1993年尼娜校长退休，1996年由尼古拉·伊万诺维奇·卢尼奥夫接任副校长，1997年任校长至今。

三、塔城地区俄罗斯族学校

清光绪三十一年（1905 年），塔城始设义学一所，学生 70 多人，次年又设参赞养延学校一所，学生六七十人，分为六个班，教授汉、蒙、哈、维、俄语，每班学生 11～12 人。民国六年（1917 年）改义学为国民小学，后来盛世才时期改为区立第一小学。[①] 有早期定居塔城的俄罗斯族人在这个学校学习过。

塔城第一所俄罗斯族学校的创建年月已无法考察了。现在塔城镇区立第三小学的前身就是俄罗斯族学校地址。据《塔城镇地名普查卡片》记载，该校"紧靠文化桥，院内通过乌拉斯台河……该校建于 1910 年"。学校校舍为土木结构的俄式房屋，最初规模较小，只有四五间教室，教师全是俄罗斯族，采用苏联式学制，小学为四年，教材均由苏联进口，课程有：俄语、语法、算数、自然、历史等。据塔城文史资料记载，塔城俄罗斯族人安格丽娜·米德柳瓦一开始在家庭办起了学校，教授孩子们学习俄语，后来塔城办起了俄罗斯族学校，她就到俄罗斯族学校去教学了。俄罗斯族学校里不仅有俄罗斯族学生，还有其他民族的学生。

1934～1940 年，塔城地区掀起了一个各民族同胞自筹资金办学校的高潮，塔城县、额敏县、裕民县、乌苏县、沙湾县等地都分别设立了归化学校（俄罗斯族学校）。塔城的俄罗斯族也集资兴建了俄罗斯族学校，即在原俄罗斯族小学旁沿河岸修建了一所规模较大的校舍，有 8 间教室，学制也从原来的 4 年增加到 7 年（小学连初中），叫俄罗斯中学。一直到莫罗托夫俄罗斯中学建成前，该校都是七年制。莫罗托夫俄罗斯中学建成后，该校才脱离了初中部，恢复原俄罗斯小学，一直

① 《塔城市文史资料》第二辑

到 1962 年，随着大批俄罗斯族教师回苏，俄罗斯小学也随之停办。1963 年改为第三小学（汉校）。

塔城俄罗斯族老人可拉瓦（КЛАВА）与哥哥尼克莱（НИКОЛАЙ）、妹妹尼娜（НИНА）小时候上的是塔城俄小学——НАЧАЛНАЯ　ШКОЛА，即现在第三小学的前身，小学毕业后上的是俄罗斯中学——莫罗托夫中学。记得当时教他们的老师有：耶吾给尼娅·安德烈耶芙娜（ИВГЕНЬЯ·АНДРЕЕВНА）、塔玛拉·伊万诺芙娜（ТАМАРА·ИВАННHОВНА）、尤里·阿法诺灭耶维奇（ЮРИ·АФАНОМЕВИЧ）、扎科·阿利玛维奇（ЗАКИ·АЛИМОВИЧ）等，上的课程有：语文、化学、物理、代数、语法等，教材全是俄文版。

塔城俄罗斯族学校采用苏联学制，小学 4 年，初中 3 年，教师全是苏侨和俄罗斯族人，教材也是从苏联进口的。卡日契科、热尼亚、纳扎罗夫等曾在俄罗斯学校担任过校长，其中纳扎罗夫后来被盛世才迫害。曾在该校担任过教师的有：安格丽娜·开莆吉娜、安塔尼娜·米哈依罗夫娜、莉达·依彼法罗夫娜、弗拉吉米尔、哈比比拉·苏里塔诺夫娜、玛丽亚·谢尔盖耶夫娜、柳得米拉等。

1938 年，在塔城北山克孜别提俄罗斯族自然村落建成了克孜别提俄罗斯小学，第一任校长是拉沙罗夫，伊万·塔帕斯维奇也曾任过校长。该校有 5 个班，140 名学生，6 名教师，其中有少数哈萨克族学生。

塔城莫罗托夫俄罗斯族中学建于 1944 年，是目前全疆现存的唯一一所保存完好的、地道的俄式学校建筑。据该校老师介绍，学校教舍的建筑面积为 1800 平方米，是呈东西走向的长方形（长条状）建筑。教室建筑为一层，高出地面约 1.3 米，东、南、西、北面各有一个带廊厅（遮雨厅）的门供出入，廊厅向外伸延，两边是木头艺术栅栏，正面有台阶连接地面。南门原为正门，南、东、北、西廊厅正面上方横木上依此写有 M、L、T、B 四个字母，表示莫罗托夫，20 世纪 60 年代这些字母被拆去。教室建筑屋顶为俄式四坡铁皮顶，顶上有透气窗。

教室建筑是俄式的，南北两边是教室，教室中间是一条宽三四米的走廊，整座建筑共有教室、办公室 18 间。西头是一个小礼堂，礼堂内有舞台，还有一个小乐池（现已拆出）。整个建筑的地面全是实木宽地板，屋顶是方格天花板，墙壁有半米厚。

莫罗托夫俄罗斯族中学包括初中和高中，即 5～10 年级，无论教材、学制、教学法均采用苏联式，教师也都是由苏侨和俄罗斯族担任。1958 年，随着苏侨和俄罗斯族人回苏，学校也随之关闭了；1964 年，改为塔城地委党校；1977 年，改为塔城第四中学。2002 年夏，塔城第四中学全面维修了这座教学楼，重新维修过的教学楼显得清新、壮观，后将它专门作为教师办公楼。

据从塔城政府退休的俄罗斯族卓亚（Зоя）老人讲，塔城莫罗托夫俄罗斯族学校是当时的苏侨协会建的，1958 年时，尚有三个俄文班。因为当时卓亚（Зоя）上汉族学校初中毕业，所以分配给俄文班上汉语课，有一个班 1960 年毕业，全班在莫罗托夫学校教室出口门廊前合影（有照片），记得当时还有一个低一年级的班于次年毕业。除了一个锡伯族和卓亚（Зоя）外，照片上的所有俄罗斯族学生全随家人走了。

为了发展中学教育，1941 年，省教育厅拨款筹建了省立塔城中学（现在二中校址），此校开设了三个汉语班，三个俄语班，汉语班是男、女分班，俄语班是混合班，有不少俄罗斯族学生在该校学习过。

额敏县有过一所俄罗斯族学校。现在居住在额敏县的俄罗斯族老人阿列娜（Аля）就上过该学校。据老人讲，她曾于 20 世纪 40 年代中上过这所学校，校址在原哈族庙旁边，即现一中旁。老人于 1954 年、1955 年跟姨妈、姨夫去苏联（现哈萨克斯坦）上了两年中专，毕业后

工作两年，1959 年又回到额敏与家人团聚。所以，她的俄文程度很高，会念俄文经文，近十几年来一直给额敏县的俄罗斯族东正教民念祈祷文，为亡人念祈祷文。

额敏县乌什水俄罗斯族学校。现居住在额敏县 66 岁的俄罗斯族老人 Аля，1942 年出生在乌什水俄罗斯村，40 年代末上了该村的俄罗斯小学，记得当时的校长是叶列娜·彼得洛夫娜（Ирина·Пидровна），老师有舒拉（Шура）、纽霞（Нюся）、瓦俩（Валя）、安娜（Аннна）等。另外现居住在额敏县的柳霞（Люся）老人，以及她的姐姐尕佳（Гадя）、妹妹杜霞（Дуся）、弟弟谢尔盖（Сергей）也都上过该校。据老人讲，乌什水俄罗斯族学校是村办的，是四年制小学，不收学费，每家给学校送一些柴火就行。因为当时柳霞家很穷，没有衣服穿，记得冬天只得跑着去学校，坐在火炉旁取暖。没有棉衣，靴子是破的，但是老师什么也不说，这给她留下了深刻的影响。1955 年，大批俄罗斯族村民回苏后，学校也随之关闭了。

四、阿勒泰地区俄罗斯族学校

定居阿勒泰地区的吉尔加克人都是虔诚的基督教徒，为了能够读书写字，过宗教生活，吉尔加克人在禾木、喀纳斯、海留滩、冲乎尔河西都有自办的学校。与信仰东正教的俄罗斯族不同的是，在他们的学校里男女不同班。

另外，1913 年，沙俄非法将俄罗斯人三百余户移往承化寺（今阿勒泰县）、哈巴河、布尔津等地，耕种土地，形成了俄罗斯族人村落，在这些俄罗斯族村落里也都有群众自办的俄罗斯族学校。另外，在俄罗斯族人口较集中承化寺办有一所俄罗斯族学校，俄文班有 32 个学生。据生活在布尔津的俄罗斯族老人刘恒富回忆：其姐姐刘秀珍生于苏联，1938 年随父母归国在阿勒泰开木其定居，约于 20 世纪 40 年代初在阿勒泰上俄校。该俄校大约在1954年关闭。1935年，俄罗斯族文化促进会成立以后，各类俄罗斯族学校不断建立，俄罗斯族的文化教育事业得到了迅速发展。

五、乌鲁木齐俄罗斯族学校

1925年，乌鲁木齐苏联领事馆在院内开办了一所俄罗斯族学校，主要是为解决苏联外交官人员子女的入学问题，后来有当地俄罗斯族子女和社会名人子女也进入该校学习。该学校是由苏侨担任教师，学制教材均采用苏联的。

20世纪30年代左右（俄罗斯东正教堂建成后不久），乌鲁木齐的俄罗斯族在南梁坡上俄罗斯东正教堂后面开办了一所俄罗斯族学校，后来该学校由文化促进会管理。1934年，省教育厅成立了归化中学，校址在迪化南梁，是一所专门学习俄罗斯语言的学校，学生以俄罗斯族为主。俄罗斯人阿力玛诺夫任该校第一任校长。1936年，归化中学改名为新疆省第二中学，简称省二中。首任校长阿力玛诺夫被调任省体育督学，所遗位职由依瓦诺夫接替。依瓦诺夫是从前俄圣彼得大学毕业，不懂汉语，因此为其配备了一名翻译协助处理翻译及秘书工作。新中国成立初期该校和现二十小学合并，称民族学校。20世纪50年代中期和末期，俄罗斯族人大批迁苏，50年代末，俄文班也撤销了。当时的校长叫玛拉·米卡拉耶夫娜，后移居澳大利亚。

各俄罗斯小学自建校起，大都依苏联学制设置，模式采用十年制，后为了便于全疆各民族学校的统一管理，改为六年制。各俄罗斯中、小学经费来源有两种：一是由民间募捐而来；二是由省政府财政厅拨给。

公立学校的教职工薪水由省政府统一拨给。这种工资待遇与同时期乡约、商总工资相当或略高一些。但有一些地方的归文会还会在薪

水之外进行补贴。俄罗斯族学校的级任教员（相当于现在学校的年级组长与任课教师）大都由俄罗斯族人中较有文化之人担任。当年伊犁聚居有较多的俄罗斯族，他们当中许多人曾在沙俄时接受过良好的文化教育，迪化一些俄罗斯学校有时也会在伊犁聘请教师。有时学校还会从苏联聘请教师，担任授课任务。①

随着办学规模的日益扩大，师资也趋于紧张。一些学校将本校毕业、成绩较优秀的学生留校任教。省二中就曾将1940年毕业的俄罗斯族学生科里斯肯、潘肯纳依留作中学部专任教员。1939年，阿勒泰地区利用寒暑假半个月时间开办“归化学校教师进修班”。1948年，阿山地区教育局暑假举办为期两个月的教师培训班，全区共58名学员参加学习，其中俄罗斯族教师9名。

到1938年7月，迪化公立小学俄罗斯族在校学生人数为117人，塔城为579，伊犁为929人，阿山为2人，共计1627人。

到1943年，新疆各民族会立学校共计有学生286 614人。其中，俄罗斯族学生已达1048人。到1943年，公立学校中在校俄罗斯族学生人数已达1644人，占在校俄罗斯族学生总数的42.6%。对于俄罗斯族贫困学生，省政府还予以资助。新疆学院有1名俄罗斯族学生家境贫寒，无力继续求学，省政府准予其公费生待遇。省二中有18名学生享受政府公费待遇。

新中国成立前，俄罗斯族人大多受到文化教育，所以文化素质也较高。他们不仅重视发展本民族的文化教育事业，同时也重视学习当地少数民族的语言文化。在同当地民族的交往中，其较高的文化素质对当地民族产生了广泛的影响，使得其他民族愿意把自己的子女送到俄罗斯学校学习。在三四十年代的新疆学习俄语、说俄语成为一种“时髦”，被看成是有修养的标志。这种学习俄语热对新疆各族人民的

① 新疆维吾尔自治区档案馆，政2—8—241—66.

语言文化产生了极大的影响，尤其是新疆一些少数民族的语言词汇中有关现代政治、经济术语、科技术语、文学术语等大多来自俄语。

第二节　感恩的情怀

1935 年，随着俄罗斯族成为新疆的 13 个民族之一，也建立了自己的文化促进会，为发展本民族的文化教育事业和促进中苏文化交流起到了一定的作用。俄罗斯文化促进会还创办了自己的会刊——《人民之声报》。除此之外，当时的《天山日报》也常常发表俄罗斯进步学生翻译的涅克拉索夫、契诃夫的幽默故事和讽刺小品。促进会所属电影院内经常放映苏联革命故事片，剧场经常举办话剧、文艺演出和舞会。

俄罗斯族人当时在乌鲁木齐开设的俄文书店长期为新疆各地的学校提供俄文和其他语种的教科书，对俄罗斯族和其他少数民族产生了长远的文化影响。

无论是俄罗斯族人，还是俄语对新疆的影响都非常大，会俄语在当时是非常重要的，所以俄文书店的俄语教材或其他俄语书籍都是俄文爱好者学习和参考的抢手资料。

新中国成立前，俄罗斯族还参与了新疆许多文化生活，迪化、伊犁各地还出版印刷了许多俄文报纸，供俄罗斯族人和熟知俄语的人阅读。1942 年，省政府核准《新疆日报》出刊俄文通讯。① 1944 年，伊犁日报社拟出版俄文周刊报纸，每周发刊一次，定价每份新币一元。

加入中国国籍的俄罗斯人伊万写了小说《逃亡记》。书中反映了“十月革命”后逃入新疆的俄罗斯人的逃亡生活及进入新疆后中国官员对其的保护和安置，歌颂了中国的人道主义。书中有一首诗写道：

---

① 新疆维吾尔自治区档案馆，文 1—4—7—73

在挣扎中前进，在前进中，改善自己的处境：松鼠在森林中觅食，我在中华大地上求生。[①]

一位被安置在塔城地区额敏县山区的老沙皇将军描写其在中国的生活：

避世重伦不计天，山中生活味是甜。一生奔波两手空，中华容我度残年。[②]

歌曲《凯旋》是一首以新中国成立前的新疆为背景，歌颂俄罗斯族战士与反动派英勇斗争，凯旋的民歌。歌词中唱道：

奏起雄壮的军乐，骑上雪白的征骑，俄罗斯族指挥员，从战场上凯旋归来。

越过高山，越过沙漠，穿过城市和乡村。俄罗斯族士兵们，驰骋原野马不停蹄。

十四个民族团结紧，为了苦难的农牧民，为了他们的幸福生活，给反动派以更沉重的打击。

俄罗斯族创作的短小民歌富有浓郁的地方色彩：

妈妈，我爱飞行员，他要飞往塞上江南。给我带来香脆的核桃，珍珠般的葡萄干。

妈妈，我爱飞行员，他要飞往锦绣花园伊宁城。给我带

①② 邓波．俄罗斯族．民族出版社，2005：43.

跳起欢快的舞蹈　（刘国兴摄）

来芬芳的苹果，美玉般的牛奶油。

妈妈，我爱飞行员，他要飞往金山阿勒泰。给我带来黄金戒指，美丽的耳环。[①]

1976年10月，党中央粉碎了“四人帮”，俄罗斯族人和全国各族人民一样，获得了第二次解放，一位俄罗斯族诗人饱含激情，写下了《二唱雄鸡天下白》的诗篇：

当雄鸡第一次高唱的时候，太阳的光辉照耀着四方。每一个人都这样想：幸福已经来到我的身旁。

每天都有新的成就，到处都在为幸福奔忙。一切生命，

① 中国少数民族文化史：708.

一切生灵，都贡献在社会主义事业上。

歌唱吧，幸福的雄鸡，祝你的歌喉永远那么嘹亮！随着黑暗的消失，伴随我们不停地走向前方。

夜幕突然降临，四周一片黑暗，雄鸡垂下头，不再歌唱。十年，多么黑暗的十年啊！“向左！向左！再向左！”到处这样叫嚷！

勤劳的俄罗斯族人民，在黑暗中摸索、彷徨。有人向东，有人向西，上帝啊！异国对他们真的那么理想？

黑暗不断向远处延伸，人民都在将真理寻访。每个人都在全力以赴，为的是不在邪路上迷失方向。

美好的黎明终于到来，雄鸡啊，你快放声歌唱。你的第二次响亮歌声，将在我们心中激荡起欢乐的海洋！

雄鸡，我们的雄鸡呵，终于第二次歌唱。太阳又像从前一样，给祖国大地染上了金光。

俄罗斯族获得了又一次解放，他们意气风发，斗志昂扬。往日的忧伤哪里去了？原来幸福又降临在他们身上。

在民族政策的光辉二次照耀下，人们挺起自由呼吸的胸膛。祖国，光荣的祖国呵，您将要进行新的飞翔。

异国他乡与我何有？谁知那是什么地方？在那里只能成为又聋又哑的残废，伴随着哭泣和悲伤。

这里就是我们的祖国，她是生我养我的地方。在这里没有不了解的事物，在这里可以心情舒坦。

第二次歌唱吧，我的雄鸡，在宇宙里，在世界上。无论白天还是夜间，千年万代不停地歌唱。①

---

① 《俄罗斯简史》编写组．俄罗斯族简史．新疆人民出版社，1987：67～68.

2004年，中国俄罗斯族青年词曲作家张晋夫作了一首歌，专门献给中国俄罗斯族后裔的母亲们。这首歌赞美了俄罗斯族伟大的母亲们，是她们对爱情的执着精神，才造就了中国新疆俄罗斯族。歌词中这样唱道：

记不清是哪一天我来到这里，多少个幸福的梦都交给了你！告别了妈妈，告别了兄弟；告别了故乡养我的土地。

阿里鲁亚，感谢你给我的勇气，心上人，跟着你，跟着你我来到了这里，跟着你我来到了这里。

这首歌由阿布力子·聂演唱，那深沉、动情的歌声，无不让我们对母亲肃然起敬。

第七章

婚姻家庭

第一节　让他们永结同心

俄罗斯族对待婚姻的态度比较严肃，实行一夫一妻制，反对草率离婚。规定近亲不能结婚，但允许同其他民族结婚，一般是女方到男方家。

俄罗斯族提倡恋爱自由，青年男女自由交往，一旦关系确定下来之后就要经过提亲、说媒、婚礼等一系列程序。

一、大圆列巴与说媒定亲

大圆列巴是俄罗斯族人饮食民俗中特有的一种食物，它在婚俗中的出现有特殊的意义。在俄罗斯族人的心目中，列巴不仅仅是普通的日常食物，而且是具有神圣意味的珍贵食品。正因为如此，它的神圣性进而扩大演化为婚姻中的定亲信物。

俄罗斯族青年男女经过交往，相互了解，建立了感情，确定了恋爱关系后，男方就要告知父母，并由父母请一个媒人正式前往女方家说媒定亲。俄罗斯族人很重视说媒，视说媒为婚姻的开端，不论男女间是否两相倾慕，要想结成姻亲，必须经过说媒这一环节，才被群体认为是名正言顺，合法体面的婚姻，婚姻才有实现的可能。否则，必遭到女方父母的反对，左邻右舍的非议。因为，在俄罗斯族人看来，媒人说合的婚姻，才有明媒正娶的合法性和意义。

男方去女方家说媒前，一定要通知女方。去的人由男方的亲属和媒人组成，一般不带任何礼品，但用绣花面巾包裹的一个大圆列巴必不可少。绣花面巾是俄罗斯族人自己缝制的白色长条布巾，俄语叫"帕拉切尼策"（音译），面巾两端用红色和黑色绣花线，以十字绣针法绣着公鸡或玫瑰花图案。用绣花面巾包裹大圆列巴去说媒求亲，是一种特殊的民俗信号，它传递的是提亲者的诚意和对这件事的郑重态度。

男方的亲属和媒人到了女家后就会被让进客厅，按惯例请他们在屋中央的大餐桌前入座。这时候，姑娘会出来给客人倒上茶，摆上糖果，然后悄然离去，这是与客人"打个照面"的礼节，也是不可缺少的一种婚姻行为。接着媒人便会将带来的圆列巴双手交给女方母亲，女方母亲拿出一个大托盘，将列巴放在上面，摆在桌子上。大家一边喝茶，一边聊天、拉家常。其间，媒人自然地也是有意地把话题扯到双方儿女身上，委婉地说出："某某家的儿子看中了你们家的女儿，今天我们是特意为此而来的。"在俄罗斯族的婚俗中，父母很尊重儿女的意愿，这种婚姻观念就体现在婚姻行为中。这时候女方的母亲一般会说："我们没有什么意见，看女儿自己的意愿如何吧。"话挑明后，大家都心照不宣地等待姑娘的答复。这时坐在另一间房间里听着外面谈话的姑娘就会出来，走到桌旁，用切列巴的刀子当众将列巴切开，而后羞涩地退回里间里去。这是一个无声的民俗信号。按俄罗斯人的传统，如果姑娘走出来切开了这具有特定意义的列巴，就等于是表示"有意"。反之，就不会出来切列巴，对方就心领神会，知趣地告辞而去。这种委婉的信息传达方式既不伤面子，也不伤和气，仍可保持通家之好。如果看到的是“同意”的讯号，双方皆大欢喜，女方父母便会拿出一瓶红葡萄酒以示庆贺，大家就着列巴喝几杯酒，然后男方家就告辞回家开始下一步打算的实施。接下来是双方讲条件，议彩礼，定婚期。这里需要特别说明的是，俄罗斯族婚俗中的列巴。列巴是定情的信物，它对人们的婚姻行为具有约束力。切列巴绝不能当儿戏，一旦切开了列巴，婚约就成立，不能言而无信，轻易反悔。

这种用大圆列巴说媒定情的传统习俗直到20世纪60年代初还盛行在俄罗斯族人聚居的社区，后来便越来越少见了，呈淡化的趋势。如今只有双方均为俄罗斯族、且老人健在的家庭依然保持着这种古老而淳朴的民风民俗。

二、订婚

举行订婚仪式也是俄罗斯族婚俗的一个内容。订婚仪式一般在女方家进行，来宾不多，只有男女双方的家长和亲友。女方家事先做一些准备，备一桌丰盛的饭菜招待来宾。双方亲友通过订婚宴很快熟悉起来。未婚新人也具有了一种责任感，他们将在亲友们的帮助和监督下更好地安排自己的未来。订婚宴后双方家长就开始商定婚礼的事情了。

三、告别少女时代

告别少女时代仪式是俄罗斯族传统的婚俗之一。姑娘在出嫁前夕约几个或十几个女友来家里，大家一起吃一顿饭，倾诉一下心里话，表示待嫁新娘告别女友，告别少女时代。这也是俄罗斯族婚俗中特有的文化现象，俄语叫“捷维其尼克”（音译），也就是姑娘在出嫁前夕与女友们举行的离别晚会，其特定的意蕴就是与少女时代告别。

姑娘们在一起说说笑笑，开待嫁新娘的玩笑，享受丰盛的款待，还要一起戏谑地唱几支有关出嫁后悲惨命运的民歌。待嫁新娘还要给女友们分送扎辫子的彩带、绣花的手绢等小礼品，以示与少女时代告别。

四、三套马车迎亲

婚礼这天数新郎家最忙碌了，亲友、邻里都会来帮忙。婚礼前几天就要烤制甜点，准备鸡、鸭、鱼、肉，另外还要准备充足的酒，传统的婚宴一般在家中举行。届时要腾空一两间房子，沿墙四周摆一圈桌子，桌子是拼成长条状的，桌子两边摆放条凳，桌子上铺桌布。如果客人多，还要借用邻居的房子。夏季的婚宴在院子里举行。

婚礼这一天，新郎要穿白衬衫，打领带，穿深色西装，脚穿新皮鞋，还要刮脸，梳理头发。一切准备停当后，新郎在男傧相、教父、教母及兄妹好友的陪伴下去接新娘。接亲时，一般要带上两瓶酒，用红缎带扎裹，还要带上糖果和一种叫“苏式给”的甜面包圈。

俄罗斯族迎亲很有特色。在城市，迎亲队伍一般乘坐两辆小轿车和一辆大轿车，新郎、新娘乘坐的小轿车要用红绸带和鲜花装饰，还要在车前盖上放一对男女洋娃娃，表示喜庆。在农村，迎亲队伍夏天乘坐三匹马拉的大车，冬天乘坐三匹马拉的雪橇。届时，马车或雪橇要用鲜花、花环或彩带装饰一新，还要系上铃铛。出发前，新郎的母亲手里端一个盘子，里面盛有谷物、糖果和镍币等。当迎亲的车启动时，新郎的母亲就会将盘中物撒向迎亲的路上，象征新郎、新娘今后的生活不愁吃，不缺钱花，日子甜甜蜜蜜。一路上，新郎的朋友拉着手风琴，弹着吉他，迎亲队伍在欢乐的俄罗斯乐曲和铃铛声中奔向新娘家。

五、新娘的白色婚纱

俄罗斯人举行婚礼时，讲究新娘穿白色的婚礼衣裙，而不穿其他

迎亲　（闫振东提供）

颜色的婚服。过去，新娘穿的是用白色“乔其纱”布料缝制的长至鞋面的无领、长袖连衣裙。头上戴一个用淡色绢花扎制的花环，花环上还要披上向后拖至地面的白色“乔其纱”头纱，俄语叫“法塔”（音译）。脚上穿白皮鞋，脸上略施淡妆，楚楚动人。除了头上的花环外，一身洁白，亭亭玉立，像一朵盛开的白莲花。俄罗斯族是一个尚白的民族，他们认为白色是纯洁、善良的象征。俄罗斯族人崇尚的长有一对鸽子翅膀的白天使“安琪儿”，穿白纱的仙女等都产生于尚白的共同心理。此外，新娘头上戴的用白色、粉色、黄色花朵（或绢花）扎制的花环，则象征着健康、活泼。

婚礼中新娘穿白色婚礼衣裙的习尚一直延续到今天，但是白色婚礼服的质料和款式发生了一些变化。本来俄罗斯族新娘白色婚礼服与其他民族的婚礼服是截然不同的，如今由于西方服饰文化的渗透，女式婚服全被婚纱店里现成的西式白色婚纱取而代之。虽然婚礼服的款式变了，但那具有特殊意味的“白色”没有变。对俄罗斯族来说，新娘打扮成“白色的天使”不是“新潮”、“时髦”，而是古老习俗。

新娘打扮好坐在客厅中央的长桌后，姑娘们围坐一圈，按习俗唱起婚礼歌，表达姑娘们对新娘的难舍之情，歌词是这样的：

啊，可爱的小燕子，你展开双翅，任意地飞翔，抛弃了温暖的旧巢，为什么过早地飞去？你离别了衰老的双亲，离别了天鹅般的姐妹，离别了雄鹰般的兄弟。原谅我吧，亲人们，这是父母的安排，乡亲的美意，女大当嫁，我只得忍心离去。

另外还有一首幽默、诙谐的婚礼短歌：

请把山路用水浇透，请阻滞迎亲的人们和车辆，如果他们一旦到来，就会把我们的新娘带走。

六、新郎迎亲过“三关”

第一关：“买路”。婚礼这天男方一行乘坐用彩带、鲜花、铃铛装饰的套有三匹马的大车，一路上拉着手风琴，弹着吉他去女方家迎亲。到女方家时，大门紧闭还有人把守，把新郎一行挡在门外，索要“买路钱”，俄语叫“扎达罗古”（音译）。通常要经过一番讨价还价，新郎象征性地给一些钱，迎亲队伍才能按风俗“强行”进入新娘家。这种风俗其实是从远古时代的抢婚风俗演化而来的。

第二关：“买辫子”。进大门后新郎要向新娘的父母问好，并敬上礼品，然后说：“爸爸、妈妈，我是来接您们的女儿的。”老人们会说：“可以，请你们进屋吧。”新郎一行欲进屋，但客厅的门紧关着，一般由新娘的妹妹把守，向新郎索要姐姐的“辫子钱”，俄语叫“扎果瑟”（音译）。因为按俄罗斯族习俗，姑娘婚前是梳长辫子的，而婚后就要将长辫子盘在脑后梳成发髻。从梳辫子到梳成发髻是人生的一个转折，是脱离“前期”的标志。新娘的妹妹向新郎索要姐姐的“辫子钱”，实际上包含了对姐姐依依不舍的离别之情和要新郎报答父母对姐姐的养育之恩。此时新娘的妹妹是认真的，新郎心中也有数，不敢搪塞。在给过买“辫子钱”后，新郎一行才获得允许进入客厅。

第三关：“买席位权”。打扮一新的新娘在女友们的陪伴下，围着客厅的大长桌而坐。姑娘们一边说笑，一边唱着民歌。新娘旁边本该属于新郎的席位和其他席位都被姑娘们占据着。这时就需要新郎买酒宴的“席位权”，这一民俗俄语叫“扎灭斯达”（音译）。姑娘们向新郎发起“攻势”要高价，经过双方的一番“舌战”和“讨价还价”，直至新郎满足了姑娘们的要求，才算买下了“席位权”。这时姑娘们才起身让位给迎亲的客人入座喝酒、吃菜。这时的菜一般是凉菜、灌肠、鸡块等，还有列巴片和酒。大家举杯祝贺新人，祝他们幸福、美满，祝新娘的父母有一个好女儿和好女婿。此间，姑娘、小伙子们跳起俄罗斯民间单人舞——阿吉努什卡助兴。

新郎迎亲过“三关”的民俗看起来只是戏剧性情节组合起来的小插曲，似乎只是为了增添热闹的喜庆气氛，但它却有深刻的文化蕴含。首先，它令人想起族外婚时代抢婚、议婚、娶妻难的情景，给人一种历史的纵深感；其次，向新郎再次提供了一个认岳父母和表示谢意的机会；第三，考验新郎耐心的同时，还有这样的暗示性意义：让他再一次懂得结婚成家不是一件容易的事，要他珍惜来之不易的婚姻。

过去用马车迎亲的风俗因环境和条件的变化而发生了变化，虽然农村仍盛行用马车迎亲，但城市里已改用小轿车迎亲了。“三关”中的第一关“买路”风俗一直存在、延续着，这或许是因为在许多民族的婚俗中都有类似婚俗的缘故吧。具有浓厚民族特点的“买辫子”和“买席位”的风俗已逐渐被其他习俗代替了。总之，迎亲这天尽情“刁难”新郎的习俗仍很盛行。

七、列巴和盐的祝福

列巴和盐在俄罗斯族人的生活中有特殊的含义，它是指放在铺着绣花面巾的托盘上的大圆列巴和列巴上的一撮盐。这里的盐在信仰东正教的民族中是幸福、忠诚和永恒的象征。当新郎一行吃过简单的酒菜，迎新娘离开之际，新娘的母亲会为新人举行一个小小的祝福仪式，俄语叫“布拉嘎斯拉维尼耶”（音译），即新郎、新娘并排跪在一块地毯上，接受新娘的母亲对他们的祝福。届时，新娘的母亲用托盘端着列巴和盐在他们头顶上划三遍十字，并祈祷上帝保佑他们今后生活富裕、幸福，然后在他们额头各亲吻一下，祝福仪式就结束了。新娘、新郎等一行人便驱车去教堂举行结婚典礼，而新娘的父母及亲友等人则直接去新郎家参加热闹而丰盛的婚宴。

这个简单的祝福仪式表现了俄罗斯人的宗教习俗和民族文化心理。母亲祈祷上帝保佑女儿婚后生活幸福、富裕，这原本是所有母亲的真诚祝愿，而求助于上帝来保佑，实际上是一种宗教信仰的心理，但这种心理却在社会婚俗的演变中积淀下来，成为人们的一种婚礼行为。这种祝福仪式局限于双方均为俄罗斯族的青年婚礼中，而且其母亲也必是东正教信徒。

八、教堂证婚

在教堂举行结婚典礼俄语叫“维尼恰尼耶”（音译），它有“加冕礼”的意思，即戴上婚礼冠，使婚礼具有一种神圣的庄严性。在教堂举行婚礼又叫证婚，俄语叫“布拉克司其塔其”（音译），即以上帝的

名义证明婚姻，使婚姻具有一定的约束力。正如在民间“婚俗的约束力，不依靠法律，也不依靠科学的验证，依靠的是习惯势力、民族心理与传统文化”。

新郎、新娘在傧相和亲友的簇拥下来到教堂，新郎站右边，新娘站左边，手拉手走到读经台前。教堂的神职人员将点燃的两支花烛分别交给新人。花烛是喜庆、幸福、吉祥的象征，只有在教堂举行的结婚典礼上用。然后神职人员对新人读祈祷文，大意是：永恒的上帝，你把分离的两人合为一体，让他们永结同心……接着拿起由男方购买的结婚戒指，把女式的戒指套在男方的手指上，说：“上帝的仆人某某同某某结为夫妻。”再把另一枚戒指套在女方手指上，说同样的话，然后让男女双方交换戒指。结婚戒指是爱情的信物，此时交换戒指象征着忠贞的爱情把两个人的心紧紧地连在一起了。交换完戒指，神职人员为新人象征性地戴上金属的婚礼冠，婚礼冠象征婚姻的圆满和神圣。在东正教教规中规定：一个女子一生中只能戴一次婚礼冠，再婚者是不能戴婚礼冠的。接着让新人从浅杯里喝掺了水的红葡萄酒，也是一种祝福的民俗方式，表示领受圣餐。领受圣餐在俄罗斯族人看来是幸福的事，在婚礼上领受圣餐则象征婚姻幸福美满。然后神职人员带着新人绕过读经台，这也是一种仪式，具有忠诚、永恒和神圣的含义。最后取下他们头上的婚礼冠，向他们祝贺并说：“吻您的妻子，吻您的丈夫。”说着接过他们手中的蜡烛，新郎、新娘接吻，表示永远相亲相爱。教堂的结婚典礼结束，大家拥着新郎、新娘驱车去男方家。在教堂举行结婚典礼的双方，必须是受过洗礼的俄罗斯族人。以前常有俄罗斯族青年男女在教堂举行婚礼，后来由于人们宗教意识的淡化，俄罗斯族家庭成员的多民族性及20世纪60年代教堂关闭等多方面的原因，这种在教堂举行结婚典礼的婚俗就很少见了。到20世纪80年代中期，随着俄罗斯族东正教堂的开放，俄罗斯族去教堂举行结婚典礼的风俗时有流行，现在已不见了。

九、列巴和盐迎新人

捧出列巴和盐来迎接客人是俄罗斯族的一种最高礼仪，它表示最高的敬意和最热烈的欢迎。新郎、新娘在教堂举行过结婚典礼回到男方家时，新郎家的大门关着，不让这对新人进入，新郎的兄弟派人向新郎索要开门钱，新郎将事先准备好的小红包抛向空中，在一片哄抢和嬉笑声中大门打开。男方的亲人捧着列巴和盐迎接新婚夫妇，新婚夫妇要向长辈问好，然后象征性地掰一小块列巴蘸一下盐吃下去，表示接受热情的欢迎并致以深深的谢意。人们往新婚夫妇身上撒谷物、花瓣等，表示婚后早生贵子、多子多福。新郎、新娘要叫“爸爸”、“妈妈”，然后双双并排跪在新郎父母的面前接受祝福。新郎的母亲双手托着放有列巴和盐的托盘在新人头上划十字祝福，祝他们幸福永远。

用列巴和盐迎接新婚夫妇的仪式是俄罗斯族的古老婚俗。近年来这种婚俗在新疆的俄罗斯族中已不多见了，但往新人身上撒谷物、彩纸、花瓣等的习俗仍被传承下来。

十、婚宴上的“果尔卡”

随着新郎、新娘一行人的到来，便拉开了喜庆婚宴的序幕。先是有一个人（一般是一位德高望重的男性）宣布×××和×××结为夫妻，并代表大家向新婚夫妇及双亲表示祝贺，宾主一齐举杯祝贺。按俄罗斯族的习俗，喜庆宴一般在男方家举行，女方的父母及亲友参加男方家的婚宴，所以婚宴上的气氛很热烈。俄罗斯族的宴席讲究把长桌拼起来，沿客厅摆一圈，桌子两边摆上椅子或条凳，来宾面对面坐在桌子两边，互相都能照顾到，气氛显得格外亲切、活跃、热烈。按惯例，新郎、新娘的父母坐在正中的席位上。

俄罗斯族人婚宴的饭菜样式并不多，但具有浓厚的民族特色。桌子上铺着桌单，上面摆着自家烤制的奶油小面包“布勒卡”，果酱甜点“比罗各”，各种饼干“比切尼耶”。客人先吃甜点喝些茶，然后开始上凉菜，主要有：凉拌菜、酸黄瓜、灌肠和鱼块等。热菜有：红焖肉饼、土豆烧牛肉和几样中式炒菜。主食比较丰富，有肉葱馅的油炸包子、列巴、鸡蛋煎饼等。俄罗斯族婚宴上的酒，不论男女老少都得喝，俄罗斯族人认为这喜宴酒是幸福、甜蜜的象征，喝得越多越高兴。但是也要喝得适量，正如俄罗斯谚语所说的：“喝是可以，可是不要喝糊涂了。”

婚宴上不断传来“果尔卡”（音译）的喊声。“果尔卡”原表示“苦啊”的意思，过去结婚对姑娘来说，是苦难生活的开始，现在喊“果尔卡”却是反语相祝，表示祝愿新人的生活甜蜜、幸福，同时更主要是暗示新人当众接吻的信号。“果尔卡”是俄罗斯族人特有的婚俗语言行为，它文明而又文雅地表达了俄罗斯族人的真诚祝愿——要新郎、新娘接吻，愿他们永远相亲相爱。而新郎、新娘也必须以当众接吻的方式接受来宾的祝愿，每听到一阵“果尔卡”的喊声，新郎、新娘就要当众接吻一次。如果不接吻，就会招来更大的“起哄”，客人甚至会以酒是“苦”的为借口，拒绝喝酒，遇到这种情况，新郎、新娘只好当众接吻，来平息众人的“起哄”，客人这时才会满意地把喜酒喝下去，并且会说：“这酒是甜的。”在俄罗斯族人的婚宴上没有大小老幼之分，大家可以相互敬酒，开玩笑，喜庆的气氛非常浓郁。待到酒喝到一定程度后，便有妇女领头唱起古老的民歌和风趣诙谐的流行民歌，大家也跟着一起合唱。这时候，手风琴也在吉他的伴奏下奏起华尔兹舞曲、波尔卡舞曲。新郎、新娘率先领舞，新郎、新娘的父母、来宾们纷纷响应，宾主翩翩起舞，跳华尔兹、波尔卡，跳俄罗斯民间单人舞“阿吉努什卡”（音译）。妇女们挥动手捐，扯起披巾；男人们用皮

靴后跟用力跺地，发出节奏欢快的“踢踏”声。就这样，大家一边喝茶、品尝甜点，一边唱歌、跳舞，开着玩笑，婚宴一直持续到深夜，最后送新人入洞房。夏季，婚宴多半是在院子里进行的。

这种俄式婚宴的民俗一直保留到现在。但由于现在城市里的婚宴多半在饭店举行，因此饭菜失去了俄罗斯的风味，但唱歌、跳舞的习俗，席间喊“果尔卡”的习俗依然如故。就是一方为俄罗斯族的青年的婚宴，只要请了俄罗斯族人参加，俄式婚宴的民俗特点就会淋漓尽致地演示出来，有俄罗斯族人就有歌声，有“阿吉努什卡”，就有“果尔卡”的喊声。这些俄罗斯族人的婚俗行为为婚宴增添了喜庆、欢乐、热闹的气氛，同时也充分展示了俄罗斯族特有的婚俗文化。

婚俗　（尼古拉提供）

十一、回娘家

婚后第三天，新婚夫妇要回娘家，俄语叫“纳布利内”，即去吃煎

饼。这一天新婚夫妇在男女傧相的陪同下带着礼物回娘家探望新娘的父母及亲人。新娘的父母一定会好好招待女儿女婿一行，而且一定要做鸡蛋牛奶煎饼，因为俄语中有这样一句谚语："第一张煎饼不好煎。"它的寓意是：万事开头难。新娘的母亲为新婚夫妇做煎饼，是希望他们俩同甘共苦，克服生活中的困难。席间大家唱歌、跳舞，晚饭后新婚夫妇返回。按俄罗斯族习俗，一周内都是婚期，其后几天内，亲友不时会邀请新婚夫妇做客，新人走到哪里，哪里就会充满歌声、手风琴声和欢乐声。

十二、结婚纪念

俄罗斯族很重视结婚纪念日，他们把结婚那一天叫作"绿婚"；结婚1周年叫作"花布婚"；结婚5周年叫作"木婚"；结婚7周年叫作"铜婚"；结婚25周年叫作"银婚"，届时的礼物应是银质的；结婚30周年叫作"珍珠婚"，它表明两人在一起生活了30年，已经像珍珠项链上的珠子一样连在了一起，届时，丈夫应该送给妻子有30颗珍珠的项链；结婚35周年叫作"亚麻婚"，届时丈夫应该送给妻子亚麻桌布、亚麻床单等做礼物；结婚37年叫作"铝婚"，它象征长久、牢固的幸福；结婚40周年叫作"红宝石婚"，要用红宝石戒指替换结婚戒指，或将红宝石镶嵌在原戒指上；结婚50周年叫作"金刚婚"；70周年叫作"福婚"；一对夫妇的75周年纪念日是最隆重的，叫作"王冠婚"。在这些结婚纪念日，俄罗斯族家庭中往往要举行一些庆祝活动。

第二节　回归尘土

死亡是人生的结束，葬礼则是亲属、友人对亡者悼念的仪式，它包括处理遗体的方式。俄罗斯族信奉东正教，《圣经》中说："……因为你是从泥土而来的。你本是尘土，仍要回归尘土。”这大概是俄罗斯族所信奉的人体最后归宿，并实行土葬的根由。

一、沐浴更衣

俄罗斯族家庭有人去世，家人在悲痛之余，一面要将这个悲痛的消息通知亲朋好友；一面要请东正教神职人员或女性老者为亡者沐浴更衣。也可由自己家的人，一般是亡者的儿女为其沐浴更衣。沐浴方式是用一盆清洁的温水、一条新毛巾、一块新香皂，按从头到脚的顺序将遗体擦洗一遍。如果请人为亡者沐浴更衣，按古老习俗亡者亲属要准备一块新香皂和两条新毛巾送予施洗者，另外还可把亡者生前穿过的质地较好的衣物送予施洗者留作纪念，现在除了送以上的物品外，还送一定的钱给施洗者。

亡者的沐浴仪式一般在家中进行。遗体被沐浴过后，还要为其更衣、梳理头发。按俄罗斯族的习俗，亡者穿什么样的衣服没有一定的规定，一般根据亡者生前愿望为其穿戴。俄罗斯族老人对死亡很坦然，不畏惧，但很重视，一般在暮年时都为自己准备死后的衣物，并嘱咐亲人要按其遗嘱为其穿戴。男性一般穿西服，不戴帽子，穿皮鞋；女性穿连衣裙，要戴头巾，穿皮鞋、布鞋都可以。头巾的花色没有限制，一般选亡者生前最喜欢的花色。如果是教徒，还要在其额头扎一条印有圣人肖像的头箍。对意外亡故者，要根据其生前爱好赶制最好的衣服。

二、停灵、守灵的习俗

为亡者穿好衣物、梳理完毕后，遗体要放在床上或木板上。但木板不能直接放地上，要用两条木凳架起来。按俄罗斯族的习俗，摆有遗体的木板或棺木都不能直接接触地面，只有下葬时才能挨地，即入土，在此之前是不能挨地的。

遗体下面铺一条洁白的布单。遗体呈仰卧状，口、眼闭合呈自然睡眠状态，双脚并拢，如并不拢可暂时用布条将双腿轻绑在一起，待遗体入棺时去掉布条。亡者的双手在胸前交叠，右手压在上面，右手拇指、食指、中指呈捏拢状，象征划十字作祈祷，左手手指内屈，其中放一块手绢和一截蜡烛，也有手中放钱的。如双臂不能呈交叠状，也要用布条暂时绑缚，但在遗体入棺时要去掉布条，因为绑着手脚是不能进入天国的。遗体上盖一条白布单，头下枕白色枕头。遗体摆放在家中一居室内供人瞻仰，因此白布单只盖至胸部，露出遗容。

按俄罗斯族的习俗，遗体要在家中停放 3 天，以防假死。遗体旁要摆放点燃的蜡烛，还要摆一小碗祭祀蜜饭，象征圣餐。亲属要为亡者守灵，蜡烛日夜不能灭。另外还要在家庭圣像下面摆一碗清水，象征圣水，点燃一根蜡烛。碗中的水要不断添加，蜡烛也要不断续换。清水和蜡烛要摆放过 40 天，除了水和蜡烛外不摆其他食物。由于现代俄罗斯族家庭多为俄汉融合的家庭，因而，受汉民族葬俗的影响，也有在室内摆放亡者遗像和食物的。

三、戴孝

为表示对亡者的哀悼和烘托一种肃穆的气氛，亲属一般穿黑色或素色衣物，妇女穿黑色或素色衣裙，戴黑头巾；姑娘穿黑色衣裙，扎黑头带；男性穿黑色或素色衣裤。按俄罗斯族的习俗，只给长辈戴孝，不给晚辈戴孝，一般要为亡者戴孝 40 天，称为中孝，戴一年，称为重孝。戴孝其间，家中不唱歌、跳舞，忌喜庆活动。

四、吊唁

听到消息后，亲朋、邻里、同事都可前来吊唁，安抚亡者亲属，表示哀悼之情。来吊唁的人也要穿素服，女性要戴黑头巾；男性进屋后要脱帽。前来吊唁的人一般不带什么东西，但可以送蜡烛，现在也有送钱的。来人可瞻仰亡者遗容，祈祷亡者的灵魂升入天国；也可以帮助料理丧事。

五、棺椁

俄语叫作“哥罗布”（音译），俄罗斯族信仰东正教，根据东正教习俗，人死后一律实行土葬。按俄罗斯族的习俗，棺木不能提前制作，只有人亡故后才能做。俄罗斯族人的棺木是按其体形制做的，不宜过大，但做棺木的材料要选好的。棺木板刨得不宜太厚，有 3 厘米多厚就可以了，一是便于人们抬着去墓地，二是相信灵魂会升入天国，所以没有在肉体保存上多费心思。俄罗斯族人棺木分棺身和棺盖两个部分：棺身深约 50 厘米，棺盖深约 20 厘米，棺木的长和宽各比遗体大出约 10 厘米。俄罗斯族的棺椁有两种形制：一种棺木两头无大、小、高、矮、宽、窄之分，棺盖和棺身各呈底部略窄、敞口处略宽的斗形，棺身和棺盖合起来呈六角形。另一种棺身一头略宽，一头略窄一些，棺底和棺盖是平的。

俄罗斯人对棺木没有恐惧和忌讳的心理，出于对肃穆和庄严的追求，棺木外表一般漆成黑色，内部则保留天然木质本色。最早在民间用黑锅灰涂抹棺身外部，后来用黑色漆漆棺身外部，甚至有人家用黑布或黑色天鹅绒包裹棺木外表并在棺木开口处镶一圈工艺白纱边作装饰，因为俄罗斯族人认为棺木是亡者的家，所以应该如同装饰自己的家一样装饰亡者的家，其中表现了亲人对亡者的爱戴和依恋之情。俄罗斯族人的棺木是请木工来家中制作的。

六、入殓的习俗

第三天遗体入殓。入殓的顺序是：先在棺木内底层铺一层刨花（做棺木时收集的清洁刨花），刨花上铺一条白色布单，布单上面遗体头部一侧摆放一个用刨花作枕芯的白色大方枕头，然后，由家庭中的青壮年男性将亡者遗体从床上抱起缓缓安放在棺木内，并在遗体上盖一条白布单或盖尸单。俄罗斯族是一个尚白民族，日常生活中多喜欢用白色装饰：白色窗帘、床头、床围帘、桌单等，因而在对亡者的棺木内部的装饰上仍然保留了这种习俗，显得纯洁、高雅。另外铺垫刨花一方面是松软、舒适，如同俄罗斯族人生活中铺垫鸭、鹅毛褥子和枕头一样；另一方面清洁的刨花是自然物，象征着回归自然。是东正教徒的，还要在白布单中央缝一个用黑布裁剪的东正教十字架图案。白单盖至胸部，露出面容供人瞻仰、拍照、告别。遗体周围摆放许多用彩纸做的各色花，遗体犹如安睡在百花丛中，给人一种安详、亲近的感觉。除此之外，棺内不放任何物品。遗体安放好后，将棺木移至室外，摆放在两条木凳上，因为亲属、亲友要围在棺木周围和亡者遗体告别、拍照留念。遗体入棺后不盖棺盖，按俄罗斯族人习俗，盖棺盖是棺木下葬前的最后一道程序。

七、出殡的习俗

等亲朋好友们围着遗体照过相后，就开始出殡了。走在出殡队列最前面的是由男性直系亲属举着的十字架或花圈，接着是棺身、棺盖。一般，棺身和棺盖是分开抬的，也可以

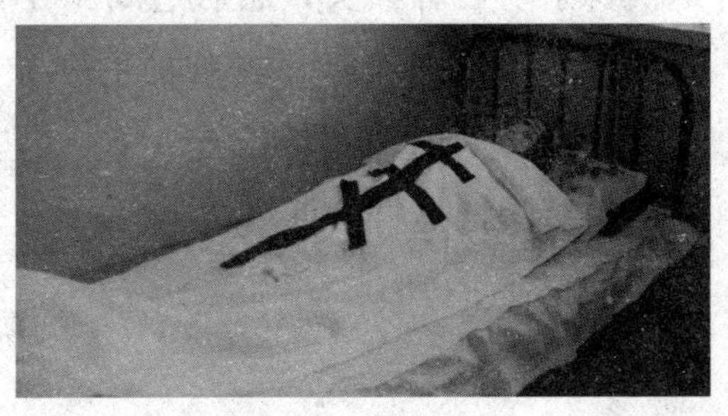

葬俗 （吉娜提供）

将棺盖暂时盖在棺身上，但不能钉钉，随后是神父、亲属、亲友等一行送葬队伍。棺椁一般由六个男性青壮年抬着，一路上棺材不落地，途中可换人抬。过去俄罗斯族人的墓葬地离居住地不太远，所以棺材一路抬着去墓地，这一方面表达了亲人对亡者的怀念之情，另一方面也表示对亡者尽最后一份情意。现在城镇扩建，墓葬地都迁到了城镇外，俄罗斯族人这一古老的丧葬习俗也受到了冲击，所以现在一般改用汽车或马车先将棺材运至墓葬地大门外，再换人缓缓抬进墓地内。俄罗斯族人抬棺木不用绳子，而用白布，在棺身下搭三条长白布，两边的人各抓住一头抬着去墓地。届时，有教堂的地方还要为其敲钟送行。按俄罗斯族的古老习俗，起灵后先要去教堂让神父为亡者作亡灵祈祷，俄语叫作 читать за упокой“其塔契扎吾帕阔依”（音译），然后再去墓地安葬；也可请神父或神职人员到家中为亡灵祈祷。现在乌鲁木齐虽有东正教堂，但无神父，因此俄罗斯族人的葬礼多请会诵经的俄罗斯族老人（多为神职人员）前去做安灵祈祷。

八、墓地葬礼

送葬队伍来到墓地后，将棺材架在两条木凳上，神父为其作亡灵祈祷并用圣水象征性地喷洒遗体，祝愿亡者安息，灵魂升入天国。接下来是众亲友与遗体告别；大家依次走近棺材（盖是打开的），象征性地伏身亲吻亡者额头，然后边划十字，边口中默默祈祷告别。告别仪式结束后，先把盖至亡者胸前的白布单盖至头部，然后盖上棺材盖，由男性亲属用四根长钉按上、下、右、左的顺序钉棺材盖，最后用长条白布缓缓把棺材吊下墓坑中。

九、墓坑

俄罗斯族人的墓坑一般是当天早上挖的，也可提前一天挖。墓坑

是上下垂直的长方形，长和宽都大于棺材。按古老的习俗，墓坑要挖3.5～4米深，因为相传人死后要受到耶稣的审判，届时地火燃烧深达3米，为了避免地火烧到亡者，所以墓坑要挖得深一些。而现在的墓坑一般都挖2米左右深。棺材入坑底后，神父从旁边的土堆上抓一把土按上、下、右、左的顺序撒在棺盖上，接着亡者亲属、亲友及所有参加葬礼的人每人抓一把土撒在墓坑里，并举右手划十字祈祷亡灵安息，最后用铁锹将土添进墓坑里。

十、建坟、立碑

俄罗斯族人的墓坑呈东西走向，亡者下葬时脚朝东、头朝西，即面朝日出方向（东方）。坟头堆得不宜太高、太大，一般在地面砌一个三四层砖高的略大于棺材的长方形围框，其内添满土成自然凸状。坟堆高于地面约50厘米，上面可以种植鲜花。鲜花是俄罗斯人最喜欢的品物，尤其是作为探望亲友的礼物，它既显得高雅、大方，又寄托了送花者的深情，所以在墓地种花正是寄托了亲人们对亡者的深切思念和哀悼，是一种心的交流方式。最后在坟头的东面立一个木制十字架或石碑，碑的正面朝西。

墓碑　（滕春华摄）

在亡者坟上立木制十字架是一种古老的习俗，现已不多见了。因为按俄罗斯族人的传统习俗，婴儿出生后要接受洗礼，即成为东正教徒，死后神父就会为其作安灵祈祷，埋入俄罗斯族人坟地，并立一个木制的东正教十字架。墓地上的东正教十字架就是东正教徒的标志。

现在多在坟头上立石碑，一是可以保存长久，二是顺应潮流，但东正教徒墓碑的上方仍刻有东正教的十字架图案，并把凹进的十字架图案漆成黑色或红色，以示醒目。十字架图案下用俄文刻着碑文（汉译文）：这里安息着上帝的仆人某某某，生于某年某月，死于某年某月。不是东正教徒的，碑上不刻十字架图案，只刻亡者的生辰卒时。老一辈人几乎都是东正教教徒。

如果石碑在亡者埋葬当天没做好，其亲属可以在亡者死后的第9天、第40天或周年祭日时为其立碑，葬礼当天先立一个木制十字架，也可永久性地立木制十字架。

墓碑立好后，有的人家还用木栅栏或铁链将自家亡人的坟围起来，像一个小院子，里面设置小木凳、木桌，他们会常去墓地并较长时间地坐在小木凳上与亡者作心的交流，同时围木栅栏也是为了保护墓地，以防人、畜践踏。小栅栏的西面开一个小门供出入。现在由于俄汉家庭的民族融合，导致了文化习俗的融合，因而也有人家将坟堆堆成圆形，且又高又大，碑立在坟头前，碑文朝外。

埋葬当天坟上不摆食物，只在碑前点燃蜡烛。俄罗斯族人非常重视墓地的清洁和美化，不在坟上烧花圈和衣物，花圈和鲜花摆放在坟茔上任其自然毁灭，亡者的衣物或子女留作纪念，或赠送亲朋好友作纪念。亡者亲属在埋葬当天要带去祭祀蜜饭，让参加葬礼的每一个人象征性地吃一口，以示纪念亡者。

十一、未成年人葬俗

按俄罗斯族人的习俗，无论是成年人、小孩还是婴儿死亡，都要

为其按体形做棺材安葬，也要为其守灵，作安灵祈祷、过祭日，受过洗礼的还要为其立十字架，一切程序同大人一样，只是长辈不为晚辈戴孝。因为按东正教规，凡受过洗礼的人均为上帝的仆人，所以应该受到同样的待遇。小孩的棺材应该由未婚男性抬。

十二、未婚姑娘葬俗

如果亡者是俄罗斯族未婚成年姑娘，那么为亡者沐浴后要像新娘一样着衣打扮：为她穿白色连衣裙、白色皮鞋，头戴白色婚纱。这是俄罗斯族古老习俗，因为他们认为婚姻是人生的一件大事，而姑娘没有完成这件大事就离开了人世，是一件憾事，所以在她要去另一个世界时，要为她了却这个夙愿，将她打扮成新娘。未婚姑娘的棺材应该由未婚女子或未婚男子来抬。

十三、葬后宴

俄罗斯族人的葬礼一般在正午前结束。葬礼结束后，参加葬礼的人都要回到亡者亲人家，参加葬后宴，俄语叫 поминки“帕明克”（音译）。它是葬礼后为追悼亡者而设的酬客宴，一般在家中举行，如果客人多可分批招待。现在城市里也有人家在饭店举行的。葬后宴上，客人表情肃穆，先由神父或神职人员念祈祷文，即《圣经》中的有关章节，接着大家一起用俄语唱悼念歌《圣神的上帝》。

接下来葬后宴开始。俄罗斯族人的饭菜比较简单，但颇具民族特色，有凉拌菜、灌肠、列巴、油煎包、煎饼、红焖肉饼等，还炒几个中式炒菜，除此之外必须有“苏波”汤和一碗祭祀蜜饭。葬后宴上不唱歌，不跳舞，不说笑，用过餐后客人安慰主人几句话便告辞了。

俄罗斯族人为亡者过祭日纪念时从不发请帖，都是口头传达信息，且闻讯者一定会去参加，这是民族向心力和情感寄托所致。俄罗斯族人很重视为亡人过周年纪念活动，常有移居国外探亲归来的俄罗斯族人为安葬在国内的亲人举行纪念宴的，还有从国外寄钱给国内亲友让其代为自己举行纪念宴的。

十四、祭祀活动

除了葬后宴以外，按俄罗斯族葬俗还要过 9 天、40 天和周年纪念活动，这些活动都叫“帕明卡”（音译）。一般第 9 天的纪念活动是自己家里人过，或炸一些油饼分送邻里；一般 40 天和周年纪念宴都要请客，在家中摆一两桌，或在饭店，而且讲究每年忌日这天都要举行葬后宴，以示对亡者的纪念和怀念。俄罗斯族是个重感情的民族，非常重视过亡者的忌日纪念，即使不在家中宴请客人，也一定会在自家亡者忌日来临之际，买一些食品或自己做一些油炸包子或煎饼之类的食物，在礼拜日这天带去教堂，让众人品尝以示纪念亡灵。

十五、追荐亡人名录

俄罗斯人的另一种追悼亡灵的方式是追荐亡者名录，俄语叫 поминание“帕弥纳尼耶”（音译），这是一种宗教方式的悼念活动，由教堂的神职人员来主持。凡是世界上有东正教堂的每一个地方，亡者的亲属都可以在亡者周年祭日来临之际，将亡者的姓名、生辰卒时写在一张卡片上交给教堂，教堂的牧师即将受追荐的亡者名字记于簿内，以便祈祷时为其追荐亡灵。

十六、扫墓

复活节后第 9 天（星期二）是俄罗斯族人的“祭扫亲人节”，相当于汉族的“清明节”，即上坟的日子。

第三节　寄托民族情感的传统节日

节日民俗是一个民族民俗文化的重要表现形式之一，尤其是传统的节日，为传统习俗的保持和传承提供了基础保证。俄罗斯族信仰东正教，东正教文化对俄罗斯族节日民俗的形成具有重要的影响。所以，俄罗斯族的传统节日大部分与东正教有关，但随着时间的推移，这些由东正教演变而来的传统节日已成为全体俄罗斯族人民的民间节日，成为俄罗斯族人民寄托民族感情的重要形式之一。

俄罗斯族的传统民间节日很多，主要有新年、圣诞节、洗礼节、谢肉节、报喜节、柳枝节、复活节、祭扫亲人节、三一节、伊万洗礼节等，但最隆重的是复活节和圣诞节。

一、圣诞老人与礼物

圣诞节俄语叫作“拉孜节斯特瓦”（音译），原为纪念耶稣诞生的日子，是宗教节日，后演变成为民间节日。东正教会规定圣诞节为俄历12月25日，即公历1月7日。中国俄罗斯族也是于公历1月7日欢度圣诞节，并持续数日。俄罗斯族人认为圣诞节是新的一年的开始，在圣诞节期间节日仪式与活动中心内容是人们祈求在新的一年里幸福丰兆。

1月6日是圣诞夜，自古以来人们在这一天都要恪守宗教习俗，信教的俄罗斯族人要去东正教堂做祈祷活动，唱庆祝圣诞节歌《科里亚达》，还要搞捐赠活动。相传，如果某些人，特别是一些有钱的人，这时慷慨解囊帮助贫穷的人，那他们就永远不会变穷。在圣诞节之夜，直到天上的星星出来，俄罗斯族人家才会吃团圆饭。吃过饭后去参加圣诞晚会。晚会上，孩子们手拉手围着高大的圣诞树唱歌，到了午夜，身穿红袍的白胡子圣诞老人背着礼物口袋，出现在台上，为大家分发圣诞礼物。

过去生活在伊犁、塔城的俄罗斯族农民，圣诞夜要举行供奉圣诞老人的活动，祈求圣诞老人“夏天休息，冬天再来”，因为农民都知道出现春寒是常有的事，所以他们象征性地款待圣诞老人，祈求别在春天冻坏春小麦。在圣诞节晚餐期间，农村的田野里都要点燃篝火，人们把这天当作庆祝太阳的生日，是新的艳阳年的开始。俄罗斯族农民认为，点起篝火新的一年小麦就会茁壮成长，喜获丰收。

庆祝圣诞节　（刘同德摄）

圣诞之夜青年人带上牛、羊、熊等动物图案的面罩，三五个人一伙，背个包或挎个篮子去各家“乞讨”。他们敲开好客之家的门（一般是熟人），受到主人的热情欢迎。进屋后，他们唱祝圣诞节歌，祝福主人全家幸福兴旺。主人为他们摆上茶点，临走时还要送一些食品。走过几家后，包或篮子就满了，几个青年人就聚在一起拿出食物分享，共庆圣诞之夜。

圣诞节前各家要装饰圣诞树。圣诞树作为庆祝圣诞节的一种装饰物起着烘托节日气氛的作用。圣诞树俄语叫作“约勒卡”（音译），又叫新年松树，一般用杉、柏之类呈塔形状的常青树做圣诞树，树上装饰用锡纸包裹的糖果、水果，以及用锡纸剪的各种动物图案和小礼品，然后再插上蜡烛，现在一般挂彩灯。信教的人还在圣诞树尖端安放六角星，传说，耶稣诞生于半夜，那时仙乐四起，群神下凡，空中突然

欢度圣诞节　（刘国兴摄）

升起一颗明亮的六角星。有的地方弄不到圣诞树，俄罗斯族人家就用木板做一个金字塔状的架子，油成绿色，代替圣诞树。

关于圣诞树有一个传说：有个农民在圣诞之夜接待了一个极贫困的儿童。儿童临行时折杉树枝插地，树枝立刻变成一棵树，小孩祝福说："年年如此，礼物满枝，留此美丽杉树，报答你的好意。"这也许就是圣诞节装饰圣诞树的来历。

圣诞节前俄罗斯族人家要粉刷或打扫房间，浆洗衣物，烤制面包和果酱甜点，宰杀鸡、鹅以备圣诞之夜食用。圣诞之夜全家人要吃一顿丰盛的团圆饭，按习惯，饭桌上要有鸡或鹅，还要喝香槟酒。晚餐后，大人要给小孩分送圣诞礼物——用纸袋包裹的糖果、干果、手绢或小玩具。俄罗斯人在圣诞节期间常常搞家庭聚会，大家一起唱歌、跳舞欢庆节日。

在民间流传着很多关于圣诞节的古老习俗，如节日这天人们必须穿新的或干净的衣服，否则被认为不会有好收成；过节时男人不干重活，否则牲畜不产仔；妇女不能做针线活，否则会生盲童。

过去在俄罗斯族人较多的伊犁、塔城、乌鲁木齐等地都有东正教堂、俄罗斯文化协会、俱乐部、学校，所以圣诞节前夕的庆祝活动多在那里举行，“文化大革命”期间中断，80年代初俄罗斯族又恢复过圣诞节，每年的圣诞节，乌鲁木齐、塔城、伊犁的俄罗斯族都要聚会庆祝，聚会上由男性扮饰的圣诞老人和由女性扮饰的雪姑娘会挨桌为大家分发圣诞礼物，把圣诞聚会推向高潮。圣诞节期间俄罗斯族家庭常常也会搞家庭聚会活动。

二、新年

新年俄语叫作“诺维果特”（音译）。1月14日是俄罗斯族的新年，相当于汉族的春节，人们互相拜年、聚会。新年的习俗是：客人进主人家问过新年好后，撒一把谷物种子，祝新的一年五谷丰登。因为新年处在圣诞节期中，所以现在俄罗斯族不专门过新年。

三、洗礼节

洗礼节俄语叫作“克列谢尼耶”（音译），是宗教节日。1月19日是东正教的洗礼节，也就是纪念耶稣受洗的日子。洗礼节这天，信教的俄罗斯族人会在清晨去接“圣水”，“圣水”俄语叫“司维亚塔亚瓦达”（音译）。所谓“圣水”就是在1月19日这天清晨到河里破冰取来的清洁凉水或自来水，因为这一天全世界的东正教神甫都在诵经作祈祷，所以使这一天清晨的水具有了圣力。

“圣水”接回来后，家庭中的老人会把家中供奉的铜质圣像取下来，在水中浸三下，口中作一些祈祷，然后让家庭中的所有成员每人喝几口圣水，意为保佑平安，无病无灾。另外，要用圣水喷洒房间，驱除恶魔。据说圣水具有驱邪治病的作用，让小孩喝可以消除小孩受惊吓的症状。剩余的圣水要装在干净的玻璃器皿中，以备后用。装在玻璃器皿中的圣水多少年也不会变质。俄罗斯族人搬迁新居时有先用圣水喷洒新居的民间习俗，意为驱逐恶魔保佑平安。信教的人这天要去教堂作祈祷，也可以在教堂索要圣水，健康的人这一天还要跳进冰窟窿里洗一洗。

四、谢肉节

谢肉节是民间节日，俄语叫作“玛斯列尼嚓”（音译），谢肉节约在每年三月，复活节前第 8 周。因为谢肉节后是东正教的大斋期，斋期期间教会禁食肉食，所以人们在大斋期前举行各种宴饮、娱乐活动，称为“谢肉”。

俄罗斯族的谢肉节为期 7 天，每天都有不同的名称：第一天为迎节日；第二天为始欢日；第三天为大宴狂欢日；第四天为拳赛日；第五天为岳母晚会日；第六天为小姑子聚会日；第七天为送别日。总之人们为宴饮想出各种名目。

谢肉节期间要吃象征太阳的煎饼，故又称太阳节，欢庆太阳的复苏。按风俗，有的地方要把做好的第一张煎饼放在风窗上祭祖，有的地方会把第一张煎饼放在田地里，以求太阳尽快使大地解冻，所以又叫送冬节，同时也是迎接春天，迎接春耕到来的日子。

一周的谢肉节过后将是 49 天的斋期（7 周）。所以，谢肉节期间人们举行各种名目的宴请活动，要举办婚事的人家要抓紧时间在斋期前办理。在民间，如果某家有未婚的大龄子女，主人的好友就会相约在谢肉节期间到这家去，用小木橛插上门或用绸缎带将主妇的腿象征性地绑在桌腿上，然后对主人说：要想出门或想解开绳子就得请客。意思是惩罚主人为什么把儿女束缚在家里，不让他们婚嫁。这其实是朋友聚宴的一种名目、形式。

五、斋期

一周的谢肉节后就是东正教的大斋期，俄语叫作“波斯特”（音译）。大斋期为49天（7周），斋期期间教徒禁食一切与动物有联系的食物，如肉、牛奶、奶油、鸡蛋等，意为悼念钉在十字架上受难的耶稣。现在只有一些俄罗斯族老人还在恪守这个教规。

六、报喜节

报喜节，俄语叫作“布拉尕维谢尼叶”（音译），原是宗教节日，在4月7日。信教的俄罗斯族人这天要去教堂作祈祷，唱圣歌，为圣母玛丽亚祝福。在民间此时春天来临，人们在此之前就开始唤春，孩子们把做成鸟状的饼干带到田地里，抛向空中，再接住，以示迎春；妇女们在村外的草地上铺一块亚麻布单，摆上一个大圆面包迎春；姑娘们把用纸或布扎成的各种小鸟挂在树枝上，摇动树枝，唱迎春歌。这些习俗以前在伊犁塔城等地的俄罗斯族村落盛行，现在已逐渐消失，但是信教的人去教堂祈祷习俗在乌鲁木齐、伊犁、塔城的俄罗斯族中一直保留着。

七、柳枝节或柳枝主日

柳枝节，俄语叫作“维而巴诺叶瓦斯克列谢尼耶”（音译），在复活节前一周的星期日，是纪念耶稣带领十二门徒进耶路撒冷城堡的日子。传说当时人们是把衣物和棕榈树枝铺在路上迎接耶稣进城的，所以又叫棕枝主日或主进圣城日。这一天俄罗斯族老人早晨起床后要去郊外或林中采折刚发芽的柳树枝，吃过饭后带着柳树枝去教堂作祈祷。教堂祈祷结束后，神甫会用柳枝蘸圣水向众信徒喷洒、祝福。众信徒也会相互用柳枝轻轻抽打对方，口中边念：用柳枝抽，用柳枝抽，直

到你把眼泪流（义译）。据说这天的柳枝有驱病镇痛的作用，用柳枝抽打对方的腰、腿部位，可以消除腰、腿之病痛。而被抽打的人则要说：我的腰不疼了；我的腿不疼了。乌鲁木齐的俄罗斯族老人每年都过这个宗教节日，去教堂作祈祷。随着伊犁东正教堂的恢复，近年来伊犁的俄罗斯族老人也恢复过这些节日了。

从星期一开始是东正教大斋期的最后一周，即第七周，俄罗斯人把这一周叫“斯特拉斯那亚聂节里亚”，即耶稣受难周，对信教的人来说，如果在前6周的斋期内没有受戒的话，那么在这最后的一周必须吃素。从这一周开始俄罗斯人就开始准备复活节了。

八、复活节

俄语叫作“帕斯尕”（音译），是基督教纪念所谓耶稣复活的不定期的节日。据说耶稣被他的反对派捉拿，遭受鞭打和各种折磨后被钉在了十字架上，忽然天崩地裂，耶稣死了。有一个叫若塞（又称约瑟）的人殓葬了耶稣，三天后（星期日）耶稣复活了。后来教会规定每年春分月圆后的第一个星期日为复活节。东正教因历法不同，复活节的日期同基督教常常相差一两个星期，在四五月间。

复活节是中国俄罗斯族最大、最隆重的节日，被称为节中节。复活节前一周俄罗斯族人就开始准备了：粉刷房子，浆洗衣物，各家都要烤制奶油小面包、果酱甜点和各种饼干等。特别是每家都要烤制或订购复活节的标志食物圆柱形的奶油甜面包“古力其”，还要煮很多鸡蛋。

“古力其”烤好后，轻轻从容器内取出放置在一个盘子上，然后还要在它蘑菇状的顶面涂上厚厚一层用蛋清和砂糖搅拌成的白色液状物，待这种白色液状物干后，上面还要用果浆写上“Х·В”两个俄文字母，它们是俄语中“耶稣复活”两个词的字母缩写。此外，各家还要煮许多鸡蛋，煮熟后将蛋壳染成红色、橘红色、蓝色、咖啡色、紫色等，这些被染上的颜色的熟鸡蛋就叫复活节彩蛋。俄罗斯族人有一个特殊的染鸡蛋的方法：即煮鸡蛋时放几片红皮牙子皮，煮出来的鸡蛋皮是朱红的，不掉色又环保。俄语把复活节彩蛋叫“克拉斯内耶亚依滋”（音译）。

关于复活节彩蛋，民间还流传着这样一个故事：耶稣被钉于十字架上受难死去。三天后的星期天早晨，有一个农妇被一阵咯咯的鸡叫声惊醒，出去一看，原来是母鸡下了一个红皮鸡蛋，正在这时传来了耶稣复活了的消息。鸡蛋象征着生命，象征着繁荣。后来俄罗斯人就有了用鸡蛋在复活节纪念耶稣的习惯，复活节在民间又俗称鸡蛋节。

复活节碰彩蛋 （滕春华提供）

按俄罗斯族的习俗，“古力其”和复活节彩蛋在复活节前不得食用，因为斋期还没有结束。复活节前夕（星期六晚上）俄罗斯族人要在家中的耶稣像前点起蜡烛，供上圆柱体的奶油甜面包及染成各种颜色的鸡蛋。这个“古力其”一直要摆放到复活节后第 9 天——祭扫亲人节才食用。

俄罗斯族人在庆祝复活节时还有一个民间习俗，就是大约在复活节节前两周时，在花盆里或网眼线袋里里种下麦粒，待复活节来临时，小麦长得蓬蓬松松，绿油油的，摆在窗台上，到祭扫亲人节那天带到坟地去摆在亲人坟头，意思是乞求亲人的在天之灵保佑今年粮食丰收。

复活节前夕，信仰东正教的俄罗斯族人要带上“古力其”和复活

节彩蛋去教堂做祈祷，等待耶稣复活的时刻来临。进教堂后点燃蜡烛供放在圣像前的蜡台上，并把“古力其”和复活节彩蛋摆在祭坛前，众人听神甫布经讲道，齐唱圣歌，零点正，有教士喊“耶稣复活了”，人们都跟着喊“耶稣复活了！耶稣复活了！”并互相拥抱，象征性亲吻面颊3次，交换彩蛋。教士要把少量的面饼和葡萄酒分给教徒吃，谓之领“圣餐”。据说吃了圣餐的人会得到幸福。然后，人们带着自家的“古力其”和彩蛋回家。

复活节这天早上，俄罗斯族人家庭要喝牛奶，分吃经过神甫祝福过的“古力其”和鸡蛋，这叫开斋。在吃鸡蛋时，还有一个小小的仪式，长辈拿起煮熟的鸡蛋用手心按住，在对方（接受者）的头顶上顺时针方向滚动3次，同时口中祈祷3遍：耶稣复活了，然后才把鸡蛋交给对方剥皮吃掉。复活节彩蛋还要分送邻里以示同庆。

复活节期间，俄罗斯族人身着节日盛装，相互拜年，走访，还常常聚会宴饮。年轻人要给父母和长辈拜年。复活节这天，俄罗斯族人见面后的第一句话是“贺里斯托斯·瓦斯克列斯”（音译），意为耶稣复活了。对方则回答说“瓦伊斯吉努·瓦斯克列斯”（音译），意为确实复活了，然后互相拥抱，施象征性亲吻礼，同辈人吻面颊两侧3次，长辈对晚辈施亲吻额头礼。按习俗，祝贺者不一定是熟人，只要俄罗斯族人都可亲吻和拥抱，当然年轻的姑娘也不得拒绝陌生男子的节日祝贺、拥抱和接吻了。

复活节早晨母亲用红鸡蛋祝福

（滕春华摄）

俄罗斯族人性格开朗、豪爽、热情好客，节日期间尤其爱热闹。七八个人，十来个人聚在一起吃喝玩乐，热闹非凡。俄罗斯族人能歌善舞，节日期间这种特长更是得到了发挥，众人唱起俄罗斯民歌，跳起传统的民间舞蹈踢踏舞、双人舞、集体舞和其他民族舞蹈。

从20世纪80年代初至今，每年的复活节，乌鲁木齐、伊犁、塔城、阿勒泰等地的俄罗斯族都要搞集会庆贺复活节，自治区、市各级民族事务委员会也给予资助。届时，乌鲁木齐地区的俄罗斯族人都来参加复活节庆祝活动，当地党政领导和民族事务委员会领导也来参加庆祝活动，并向俄罗斯族致以节日的祝贺。届时，还有远方的俄罗斯族客人和外地的俄罗斯族客人来参加，如1985年哈尔滨歌舞团的歌唱家娜吉日达·伊万诺娃来乌市参加了复活节的庆祝活动；1995年来自俄罗斯的客人参加了乌市俄罗斯人的复活节庆祝活动，并在庆祝会上唱了歌。自治区政府规定：圣诞节和复活节给俄罗斯族各放假一天。

庆祝复活节的群众联欢活动一般在大厅举行，这是一个地地道道的俄罗斯民间聚会，几十张桌子沿墙摆一圈，中央留出空地，每张桌子上都摆一个复活节大蛋糕、许多彩蛋，其余是自家带来的食品和酒。俄罗斯族群众身着节日盛装，举家喜气洋洋地来到复活节联欢会场，大家相互拥抱，致以节日的问候，“耶稣复活了”的祝贺声响彻大厅。俄罗斯族人代表讲话，有关领导祝贺，接下来唱俄罗斯民歌，跳舞，人们尽情欢乐，用自己独特的方式庆贺自己的节日，用歌舞表达俄罗斯族人民对党和国家的感激之情。

直到现在俄罗斯族人还一直保留着过复活节吃彩蛋和烤制“古力其”的风俗习惯。

九、祭扫亲人节

祭扫亲人节，俄语叫作“拉吉切列司克依捷尼”（音译），在复活

复活节前夜被祝福的“古力其”　（滕春华摄）

节后第9天（星期二），是俄罗斯族人给亲人上坟扫墓的日子，同汉族人的清明节差不多。

俄罗斯族人上坟这天要带一碗用葡萄干做的、撒上白砂糖或彩色糖粒的米饭，俄语叫“帕米那亚卡沙”（音译），即祭祀饭，还要带一瓶清水、蜡烛和“古利其”、煎饼等食物。如果亡者生前爱喝酒，还要带一瓶酒，除此之外，还要带上复活节前种的麦子。

来到俄罗斯族坟地，先清除坟上和周围的杂草，然后在墓碑前点燃一根蜡烛，摆上一些带来的食物，把清水或酒撒在坟的四周，在亲人坟前做祈祷，祝亡灵安息；可以在坟前吃食物，另外还要将食物分给临坟一些。

按俄罗斯族的习俗，所有俄罗斯族人必须这一天上坟，不仅可以祭扫自己家亲人的亡灵，还可以替别人祭扫亡灵，如现移居国外的俄罗斯人可委托在国内的俄罗斯人替自己扫墓。也就是说只要你是俄罗斯人，这一天就可以去俄罗斯人的坟地扫墓，因为你祭扫了别人家的亡灵，你家在异地的亡灵也同样会被别人祭扫。这种习俗一直被乌鲁木齐、伊犁、塔城等地的俄罗斯族人保留着。

俄罗斯族扫墓有其独特的形式。在俄罗斯族墓地上，你会看到这样的情景，俄罗斯族妇女手持一碗祭祀饭在坟地间走动，碰见迎面而来的俄罗斯族人她就会说：请您悼念我的亲人×××吧，说完就将祭祀饭递上，对方就会一边画十字，一边说：愿他（她）进入天堂。然后拿起小勺象征性地吃三口祭祀饭。如果对方带着小孩，就要给小孩一个红鸡蛋或几块糖果。

待到中午时，几家熟悉的人家聚在一起，在坟地空地上铺一个单子，大家将各自的食物摆在一起，互相吃，意为悼念对方的亡灵。一般认为，吃自己家食物的人越多，悼念自己家亲人亡灵的人就越多，主人就越感到安慰。最后将剩余的食物全留在坟地上。

祭扫亲人节 （娜佳提供）

十、圣灵降临节

圣灵降临节，俄语叫作“特洛依差”（音译），原为宗教节日，指圣父、圣母、圣灵合为一上帝的说法，又叫“三一节”，节期在复活节后第50天（星期日）。这一天，信仰东正教的俄罗斯族人要去教堂做祈祷。

在民间，这一天各家都要采集鲜花、青草、树叶等植物撒在屋内的地上、床上或插在窗户上、门上，让室内充满清新的大自然气息。这天几家人或亲友相约，带着食物、饮料去郊外游玩，所以又叫“踏青节”。在郊外大家吃喝、唱歌、跳舞，尽情欢乐，呼吸林中的清新空气，享受大自然的美丽景色，傍晚才回家。关于“三一节”，俄罗斯族有个民谣说：“三一节要来临啦，大地被青草覆盖了。”新疆的俄罗斯族一直保持着这个节日，乌鲁木齐的俄罗斯族在这一天都会相约去公园或郊外集体游玩。

十一、伊万洗礼节

伊万洗礼节，俄语叫作“伊万库帕里”（音译）。伊万洗礼节在每年的7月7日，是俄罗斯人的一个古老节日。这一天，姑娘们要编花环，小伙子们要跳跃麻秆碎屑，大家要跳环舞。姑娘们往水流中扔用鲜花扎成的花束和花环，并跟着水流走一段，然后保持沉默，她们相信自己具有魔力，能指出未婚夫从哪个方向出现。这一天，俄罗斯族人还要在河里和湖里洗澡，相互泼水嬉戏，无论被泼得怎样都不能生气。据说，晚上如果谁能勇敢地到蕨麻地去采只在洗澡那天夜里开放的花，他就可以在花的帮助下找到埋藏在地下的财富。这个节日随着生活环境的变化已逐渐淡化了。

中国俄罗斯族人不仅过自己传统的民族节日，而且大多也过汉族民族的传统节日，这也是当代俄罗斯族文化包容性的体现。

第八章

面包会有的　牛奶也会有的

俄罗斯族是一个勤劳俭朴，富有才智的民族。他们用自己勤劳的双手编织着美好的生活。

新疆地大物博，资源非常丰富，具有发展农牧业的优越条件。但过去由于地理位置偏远，农具原始落后，技术力量薄弱，所以经济比较落后。当时迁居中国的俄罗斯族文化素质和生产经营技能都较当地高，思想观念也较新，因而他们借助苏联的先进生产工具，在所从事的专业范围内对新疆的经济发展和生产技能的提高起过不可低估的作用。

新中国成立前，俄罗斯人除了阶段性地服务于军队，或在政府部门任职外，多数人从事的职业是农业、手工业、运输业，少数人经商、从教，另外，还从事捕鱼、养鹿、养蜂、狩猎等副业。

第一节　勤劳能干的俄罗斯族农民

俄罗斯族农民种植的农作物主要有小麦“普舍尼嚓”、燕麦“阿维约斯”、玉米“库库鲁杂”、油菜“拉普斯”、苜蓿“克列维尔”、向日

葵“帕得索里努克”等，此外还要储备大量的干草。当时，每公顷土地可打小麦200普特（每普特为16.8千克）。小麦是俄罗斯族农民主要外售的作物和家庭的口粮。燕麦是用来喂耕马的。俄罗斯谚语说：“赶马用燕麦，不用用皮带。”燕麦的特点是马爱吃，并且吃了燕麦后其毛色发亮，而吃玉米或大麦会伤马蹄。玉米是用来喂牛、羊、猪等家畜的。菜子和葵花子是榨油的原料。苜蓿晒干作为耕马的冬草，另外还要在夏季打草晒干作牛羊的冬草。粮食和饲料的加工都是在本村俄罗斯族水磨房里进行加工的，每个村庄都有榨油作坊，给全村人榨油。炒葵花子也是俄罗斯族老少冬季爱吃的零食，尤其是俄罗斯族家庭主妇，腰间系一个大围裙，围裙的大口袋里几乎一年四季都装着瓜子等零食。

俄罗斯族农民使用的农具和工具主要有铁锹“拉帕塔”、木锹“节列维那亚”、耙子“格拉帕里”、铁叉“维勒”、斧头“塔波尔”、十字镐“卡依洛”、锯子“皮拉”、小榔头“莫洛托克”、扇镰“卡萨”等。铁锹用于铲土、铲粪等；木铣主要用于冬季清扫雪；耙子、铁叉用于挑麦垛和麦草；斧头用于劈木材；十字镐用于挖渠挖坑；锯子用于锯木板；小榔头用于钉钉子，修理器具；扇镰是俄罗斯族农牧民用来打草的一种农具，它的特点是把儿长，跟扫把一样，刀面是直的，比一般镰刀略长一些。用扇镰割草人是站立工作的，能充分使用双臂、腰、腿部的力量，工作面是一般镰刀的两倍，所以用扇镰割草又快又省力。这种工具被俄罗斯族农牧民使用后，深受当地农牧民的欢迎，从而使这个农具在北疆农牧区推广开来。俄罗斯族农民一般都是多面手，家里一般的铁木工具较齐全。

大型的农具有双轮双铧犁“普鲁格”、马拉播种机“塞叶尔卡”、马拉铁耙子“波洛那”、马拉转臂收割机“洛博格雷卡”、马拉脱粒机“莫洛其勒卡”、马拉割草机“赛那科西勒卡”等。这些大型农具是俄罗斯族人首先在新疆使用的，对改进当时新疆的农具状况起了带头作用。

俄罗斯族人主要使用马粪。积肥的办法是：每天将马厩内的马粪清理一次堆积在一起，春天天暖时，将马粪翻动几次，等它发热冒气，内部都有了白色薄膜，这就说明肥料“熟”了，赶快运到地里，一两天内用犁翻到地下，不要让肥晒干。

俄罗斯族农民勤劳能干，干起活来又卖力又利索，所以俄罗斯族农民没有特贫困的，而且农闲的时候他们也会及时休息娱乐。

俄罗斯族吃的蔬菜的种类不多，一般在自家菜园里种植。主要种的蔬菜有：莲花白“卡普斯塔”、马铃薯“卡尔多什卡”、黄萝卜“马尔阔夫”、莴笋“萨拉特”、洋葱“鲁克”、黄瓜“阿古列茨”、茴香“乌克罗普”、小萝卜“列地斯卡”、大萝卜“列地斯”、红心甜菜“斯维克拉”、西红柿“帕米多尔”等。这些蔬菜一般是生吃、腌泡和做汤用。

俄罗斯族人一般喜欢在院子里种植苹果树“亚布拉卡”、梨树“格鲁沙”、杏树“阿布里克斯”、桃树“皮尔司克”、樱桃树“维什尼亚”。灌木果树类有刺李“克热诺夫尼克”、马林浆果“马李娜”，还有草莓“孜姆俩尼卡”。这些果实成熟后，除了生吃外，就是用来做成各种果酱，储存起来，一年四季都可以吃。吃果酱不仅是俄罗斯族人的生活嗜好，更是为他们补充维生素的一个途径。

自制果酱　（滕春华摄）

第二节　养殖业带动经济发展

一、饲养家畜

俄罗斯族农民家庭每家都有不少于两匹马，主要是用来种地和运输的。马是农户一家人的朋友和助手，所以俄罗斯族农民精心照料它们，一年四季都给马加料，每天还要给它洗刷毛皮，保持马厩地面清洁干燥。尤其打仗时，战士们宁肯自己冒着饿死的危险，也舍不得杀自己的战马充饥。由于俄罗斯族人和马的这种特殊关系和感情，所以俄罗斯族禁食马肉。

其次就是牛和羊了。牛是俄罗斯族乡村家庭中不可少的家畜，尤其是乳牛提供全家人的牛奶和奶制品。俄罗斯族俗话说："奶牛在院，餐桌丰满。"家里没有奶牛对俄罗斯族人来说是不可思议的事。羊不一定每户都有，有也不超过十来只，主要是为吃肉和取羊毛。羊毛是俄罗斯族妇女织毛衣、毛袜、毛手套等的原料。俄罗斯族人没有养几百只羊的习惯。

家家必养的要算猪了。猪肉是俄罗斯族家庭的主要肉食，不算猪仔，每家常常保持两三头母猪。公猪全村只留三四头。猪、牛、羊除冬季外，一般都是放牧的。各家的牛羊集中起来，由村里的放牧者每天一早赶到牧场，晚上赶回来。每头牛羊都有一定的放牧报酬。猪则另外为群放牧。牛、羊较听话，跑得慢，好放牧；可猪跑得快，爱分散，不听话，所以必须另外分群放牧，当然也要按头数收取报酬。它们晚上回来都知道自己的"家"，各回各农家院里。俄罗斯谚语说："牧有牧人，畜必成群。"

俄罗斯族人很少对马进行自由放牧，因为白天它们在劳动，夜晚

养羊 （滕春华摄）

也不好单独放牧，有些村庄组织一些娃娃，由一位老头带领，把全村的马赶到牧场吃野草，俄语叫“诺其诺衣”（音译）。娃娃们很喜欢“诺其诺衣”，因为他们围着篝火时，老人会给他们讲故事。他们在篝火上烧茶，吃带去的食物，过个快乐的不眠之夜。大多数农户晚上从地里回来时，会割一大捆青草，作为马的夜食。

冬季大雪覆盖了牧场，家畜一般都在家里吃夏季晾晒的干草，其中马吃苜蓿。马和羊是会用前蹄刨开厚雪吃其下面的草的，牛可不行，所以牛是一冬深居简出的家畜。马整天劳动，无时间自由放牧，而羊虽会在雪中觅食，可是雪中草的数量少，也吃不了多少，所以还要吃一些干草。猪在冬季当然成了家畜中最受宠的，因为这时候就要为它们加料，使其长膘，以便宰杀。

俄罗斯族人家庭还喜欢养鸡、养鹅。养鸡为取蛋，用鸡蛋换回日用品或自家吃，鸡毛则是俄罗斯族人家被子、褥子、枕头的填充物。杀鸡后将鸡毛拔下，用水洗净，晾干，然后放进布套里作被、褥、枕

芯。一是当时穷没有钱买棉花；二是柔软、舒适、保暖，久而久之，就形成了俄罗斯族的生活习惯——睡羽毛褥子，枕羽毛枕头。俄罗斯族人还喜欢养鹅，因为鹅是家禽中唯一不怕冷、能耐寒的家禽，冬天在屋外冻不死，而且还像个哨兵，有看家的本领，见了生人它会追啄，用坚硬的铁嘴啄下肉来，令人生畏。再者，鹅吃食很杂，好养，还可下蛋，鹅毛也可利用，鹅肉则是圣诞节的佳肴。

狗在俄语中叫“萨巴卡”（音译）。俄罗斯族人喜欢养狗，视狗为人类的好朋友。俄罗斯族猎人更离不开狗，把狗当作打猎的好伙伴、好帮手。所以，俄罗斯族人忌吃狗肉。

猎狗的培驯是从小开始的。小狗很喜欢玩，也喜欢别人爱抚它，捋它的毛，抓它的小爪子，它很高兴，闭着眼睛一动不动，或抬起前腿，用后腿站立，去舔主人的手、脸表示亲热。如果这时主人把一个东西甩出去，小狗就会本能地跑去咬它。这样来去几次，鼓励它把东西咬着回来，每一回给它一块糖果做奖励，第一课就上成了。然后带它去打猎，第一次让它叼回主人打下的飞禽时，如果猎狗吃了，主人就要严厉地训斥它。猎狗有灵性，它从主人的脸色、声调和不满的目光中知道自己做了错事，所以也不敢正眼看主人，夹起尾巴表示认错，以后不会再犯。对于打猎的技巧，主人教它几次就能学会。主人打下飞禽猎狗会把它从远处叼回来；遇到野猪时，几条猎狗一起围攻，等野猪筋疲力尽时主人才开枪打，如果猎狗被野猪弄伤，主人是会把它抱在马鞍上带回家精心治疗的。另外猎狗的嗅觉很灵，遇到附近有猎物时，它会俯低身子轻轻慢步行动，主人就会有察觉。除了打猎外，狗还是牧人的好帮手，牛、羊群过于分散时，它就会自动跑过去“集中”它们，夜间它更是主人忠实的“卫士”。

二、养鹿

新疆伊犁尼勒克乌拉斯台村村民，俄罗斯人叶菲莫夫和当地俄罗斯人开创了新疆地区家庭养鹿业。

俄罗斯族养鹿最初是从打猎发展而来的。居住在伊犁山区的俄罗斯族农民非常勤劳。收割完粮食后，他们并不闲下来，而是拿起猎枪到深山谷里去打猎，从事副业，补贴家庭。他们主要猎取对象是野猪，其次是马鹿。打野猪是为了冬季的肉食，而打马鹿只是为了拿鹿茸换钱。一开始的办法也很原始，是靠打死马鹿而获取鹿茸，这样减少了马鹿数量，也破坏了生态平衡，因而受到了政府的禁止。这时，俄罗斯人大胆地想出了家养马鹿的方法。他们选择山谷中地势适宜、有草有树的地方，围起木栏，然后想法抓几头才出生的马鹿（因为大鹿抓不住），围养起来，待长大后雄雌鹿分开管理。初秋，雌鹿发情，被围在木栏中出不去，它发出求偶的鸣叫声，招来了山里的野雄鹿，野雄鹿可跳进围栏中，但跳不出去。用这样的方法引诱雄鹿，既扩大鹿群种数，又得到了鹿茸。因为养雄鹿主要是取鹿茸，开春鹿茸发育成熟，他们就把鹿诱进狭窄的木栅栏中固定其头、身部位，用锯锯下鹿茸，然后继续养殖。他们改进了杀鹿取鹿茸的原始方法，这样一头鹿可以多次取鹿茸，既不浪费资源，又保护了生态。这种家庭养鹿取鹿茸的办法是叶菲莫夫首创的，在他的带动下，伊犁地区、阿勒泰地区的家庭养鹿（户）普遍发展起来了。

三、养蜂

现在新疆成了产蜂蜜的大省，不仅自给有余，还销往全国各地。新疆的蜂蜜以味纯、色正而名扬全国，甚至远销国外，为新疆赢得了荣誉。以前新疆没有养蜂业，蜂蜜全靠进口或从内地运来。清朝末年，随着俄罗斯人的迁居带来了养蜂和取蜜的技术，使得养蜂业得以在新疆推广、发展。

最早迁居新疆伊犁地区和阿尔泰地区的俄罗斯族人主要从事农牧

业，养蜂只是个副业。俄罗斯族人喜欢吃蜂蜜，他们看到当地有许多野蜂，就在屋后放置一些蜂箱或蜂房，为野生蜂提供了产蜂地，并不多加管理，所产的蜂蜜数量也不多，仅供家人或亲友食用。养蜂也没对其他民族产生影响。1910～1912 年，由俄罗斯族从沙俄带进黑蜂（高加索蜂），在伊犁河谷的巩留、新源、伊宁和阿尔泰等地区饲养。20 年代后，随着大批俄罗斯族人迁居伊犁、塔城、阿尔泰山区农村后，就有更多俄罗斯族人操起了养蜂的副业，大多人家只是为了自给自足，没有形成一定的规模。

20 世纪 30 年代前后，随着大批俄罗斯人的迁入，养蜂的人数也有所增加，有的人家甚至把养蜂作为主业了。他们利用当地丰富的自然资源，用高加索黑蜂和当地野蜂进行繁育，从而培育出了高产优质的蜜蜂良种——伊犁黑蜂。俄罗斯族人养蜜能手不断总结经验，提高取蜜技术。他们利用不同的花期，不同的蜜源植物，使蜜蜂酿出色、香、味不同的蜂蜜来，一部分自己食用，一部分拿出来销售，使新疆人第一次吃到了本地产的蜂蜜和蜜制食品。

养蜂　（滕春华摄）

1949 年，全疆养蜂约 2000 群，产蜜约 40 吨。1957 年，养蜂 9100 群，产蜜 205 吨，商业收购约 50 吨。这一时期养蜂范围仍只限于伊犁州的巩留、新源、尼勒克、伊宁及塔城、阿尔泰等少数县的俄罗斯族人，为自食性养蜂，商品蜜很少。

1958 年以后，新疆维吾尔自治区党委和政府开始重视养蜂生产。俄罗斯族养蜂户又把养蜂技术和经验传授给了当地的汉族、维吾尔族和回族，使伊犁地区的养蜂业很快普及起来。

第三节　捕鱼能手

俄罗斯族人从事捕渔业完全是由于生活所迫。20 世纪 30 年代初，苏联中亚地区发生大饥荒，百姓饥饿难忍逃往邻国中国，其中有一批俄罗斯人，初到新疆，人生地不熟，加上语言不通，无法解决生计问题，而最简便、最快的方法便是捕鱼，可以随捕随食。新疆西部有许多河流和湖泊，盛产各种鱼类，是得天独厚的捕鱼基地。就这样，定居在伊犁河畔和阿尔泰额尔齐斯河流域的俄罗斯族人就操起了捕鱼的行当。

以前，当地只知用钓竿钓，用鱼叉戳，用简单的曳网拉，到了冬季，河面冰封，捕鱼生产就停止了。俄罗斯族人来了以后，改进了平底渔船，采用袋网捕鱼，开创了在新疆冬季捕鱼的先例。

俄罗斯族人打鱼的方法主要有两种，一种是拉网，一种是挂网。

拉网，即驾小船把又宽又长的渔网撒向河床，把它整个包起来，然后驾船顺流而下，拉网收获。那时河里鱼很多，一网就能打几百条大鱼。这种拉网的网洞较大，是专门捕大鱼的，小鱼会从网洞中溜走。这种拉网式的捕鱼方法得三四个人合作才行，打上来的鱼除自家食用外，还可拉到集市去卖。

挂网，这其实是一种鱼儿自投罗网的捕鱼方法。挂网是在缓水或冬季不流动的水中横着拉起一道网，网是用很细的网线织成的，很柔软，挂网放进水里后就形成了一道水中之墙，过往的鱼儿很容易将鳃或翅挂在网上，越挣扎越被缠住，不得脱身，待上半天或一夜时间，拉起挂网，将上面的鱼取下来。

挂网的捕鱼方法特别适用于冬季。冬季阿尔泰和伊犁的俄罗斯族渔民在冰封的河（湖）面上横着凿十几个冰窟窿，把挂网用木棍穿过冰下的水面，把两头固定在水面上。过了一夜，第二天早晨去提网，那些在河中游来流去的鱼儿就会缠挂在网上，成了渔民的“战利品”，取下网上的鱼后，又可按原样把网下到水中。

除了以上两种主要的捕鱼方法，俄罗斯族人还有下面几种独特的捕鱼方法——用鱼篓捕鱼，此鱼篓俄语叫“莫尔达其卡”（音译），先用柳条枝编一个螺状的鱼篓，鱼篓口的构造较特殊一些，四周围一圈插着向中心的柳枝，这种鱼篓放置在不太深的河里，篓口朝迎水流方向，鱼篓上系一绳，里面放一块石头使其沉入水底，为诱鱼上钩，还要在篓里放上一点油渣，鱼闻到味，就会进去吃食，顺着柳枝游进去，但游不出来，就成了“篓”中鱼了。拉出鱼篓取出鱼，还可将篓再放下去，这种休闲的捕鱼方法，适于冬夏季捕鱼，但一次捕的数量少，只适合家庭食用。

夏季还可采用一种叫“迷昏阵”的围捕法，即用柳条枝编一个宽70厘米左右，长五六米的网排，在河水中拦腰围起来，迎水流的一面先敞开，然后一个人从上游一路往水中撒一些油渣，一直撒到放柳排处，引诱鱼入围，最后把柳排合拢，将围在中间的鱼捕获。

还有一种有趣的捕鱼方法是用鱼叉叉鱼。阿尔泰的俄罗斯族人很早就采用了这种方法，夜间停泊在湖里的船头点上火，火光会把大鲤鱼和鲟鱼引来，在船附近游来游去，这时叉鱼能手手持鱼叉，对准鱼背叉下去，将其捕获，这种方法得由手疾眼快、有经验的人操作，无经验者是叉不到鱼的。

俄罗斯族人不仅捕鱼，还注意保护和发展渔业资源。他们中不仅有捕鱼能手，也有鱼类养殖户，如伊犁河边比较有名的有谢尔盖·扎祖林、伊万·卢尼奥夫、伊万·库尔嘎那耶夫等。直到20世纪80年代末随着老一辈捕鱼者的退役，现在俄罗斯族中已没有从事捕鱼业的人了。

第四节　天生的好猎手

俄罗斯族人是天生的好猎手。他们狩猎的动物有：野猪、黑熊和兔子等；飞禽类主要有：野鸭、野鸡、大雁、野鸡等。他们狩猎时严守规则，不是一年四季都拿枪乱打、乱杀，更不能见什么打什么。一般打飞禽严守春秋两季，因为春天雪开始融化，从南方飞回来的候鸟野鸭、大雁等还未下蛋筑巢，因此身体比较肥大，是打猎的最佳时机。打野生动物一般都在深秋、初冬季节。

俄罗斯族猎手打猎时，用双筒枪，俄语叫“杜斯特沃力卡”（音译），肩挎散弹带，叫“帕克隆塔什”（音译），猎枪子弹有两种，一种是砂粒大些的，一种是砂粒小些的。打飞禽时下身还要穿橡皮的连靴裤，叫“列孜诺维耶·萨波吉”（音译），因为飞禽在沼泽地栖息，另外还要带上猎狗。俄罗斯族猎手一般两三个人一起去打飞禽，每人选一个水域，打完之后，集中在一个地方，点燃篝火，烤大雁或野鸭吃，喝着带去的“伏特加”酒，享受野味。

打野鸭的最佳时间是早上和晚上。早上野鸭刚睡醒，注意力全部集中在寻找食物上；晚上的时间更佳，因为晚上野鸭返回原地过夜，而且一对一对地从天空飞降下来，最好打。被打中或受伤的野鸭落在

水中，猎狗就会游过去把它用嘴叼着带回来交给猎人。

打野鸡是在冬季。野鸡多栖息在河滩沙枣林中，不易发现，所以猎狗起了很大作用。沙枣林中一般草很高，所以一进林子，猎狗在前开道，猎人手握双筒猎枪在其十几步后跟随，猎人和猎狗紧密配合。猎狗闻到野鸡走过的气味儿就会走得慢了，腿也抬得高了，看到这种情景，猎人就会集中注意力。当猎狗觉得离野鸡躲藏的草丛已很近时，就会停下来，举起前右腿，转头往后看看猎手，好像在说：目标就在前面，你可准备好了。然后突然冲过去……野鸡一下子就飞起来了，躲在深草丛中的野鸡飞行时就像直升飞机，垂直腾空十几米，然后转90°，与地面平行飞行。它转身时或多或少会停下来，这就是猎人开枪的好机会。猎狗会把打下来的野鸡叼来放在猎手脚下。俄罗斯族猎手也打山鹑，新疆人叫“呱啦鸡”，打山鹑的季节也是在冬季。

俄罗斯族猎手很少打天鹅，主要是天鹅在秋季飞往南方过冬，另外它飞得高打不着，只有鹅群在地上吃草时才是打猎的好机会，可是天鹅群的警惕性很高，每个鹅群都有“哨兵”，所以在地上很难打到它们。俄罗斯有句俗话说：“手里的山雀比天上的天鹅好。”意思是说打天鹅难，不要贪得无厌。新疆俄罗斯族猎手从不打天鹅，视它们为高贵的鸟，同时也禁忌打同人类生活在一起的鸽子、麻雀、斑鸠等。

野猪生长在沼泽地和山林中，到了秋天，它们成群结队来到俄罗斯族人居住的村庄，袭击地里的土豆，将家家的冬菜地糟踏得一塌糊涂，所以猎手们要打它们，一是为了保护自己的菜地；二是为了储备冬天的肉食；三是取乐。不过打野猪是一项很危险的活动，秋天每个野猪群都由一头大公猪带领，公猪的两只獠牙很锋利，让人望而生畏。传说公猪磨好獠牙后，会在芦苇和树枝上试是否锋利，如果直立的芦苇被獠牙切后倾斜而倒，而不是垂直倒下来，它就认为獠牙还不够锋利，还得去磨。公猪的獠牙确实很厉害，打公猪时如果猎手没有打中它的头部或心脏，公猪不会像其他动物那样逃跑，而是会向猎手冲过来，其速度非常惊人，所以被打伤的公猪伤人伤马的事屡见不鲜。俄罗斯族猎手打公猪时用铅弹做子弹，其制作方法是：在子弹筒底下小口上安上火帽，再从筒口倒进适量的火药，用碎纸片压紧火药，最后放进铅弹，杀伤力很大的子弹就这样产生了。公猪喜欢每天在泥水中躺，沾一身泥水，待身上的泥巴干了又去躺，这样它身上就形成了厚厚一层泥铠甲，一颗子弹不容易打死它。俄罗斯族猎手打野猪的方法很独特。打野猪的地方离村子较远，猎手们从不单独行动，一般是两三个人结伴，带上干粮、棉衣等，还要带上七八条猎狗，然后骑上马就出发了。猎手们发现野猪群后，隐蔽起来，把猎狗放出去。猎狗会追赶或包围野猪群，公猪就会出来应战或断后，这时经过训练的猎狗专门去包围公猪。公猪有个致命的弱点：其睾丸不是长在小肚下，而是凸在后面，两枚椭圆形的睾丸看起来很显眼。狗群从四面八方围着公猪汪汪叫着进攻，公猪也咔嚓咔嚓地响着獠牙团团转。狗群在寻找机会，一有机会，一条狗冲上去咬住公猪凸出的睾丸，咬住后不松口，越吸越深，公猪转来转去，狗也被甩在空中跟着转，但绝不松口，公猪的獠牙伤不着狗。这时公猪又惊又疼，顾不上对付其他的狗。与此同时，猎人们不慌不忙地从隐蔽物后面出来，用枪打死或用矛刺死公猪。没有跑多远的猪群也成了骑马赶上来的猎手们的“战利品”。打死野猪后，俄罗斯族猎手们会就地收拾：先刨开野猪肚子，把内脏赏给猎狗吃，吃不完的挂在树上，第二天再喂它们。猎手们还要忙着剥皮、剔骨，把野猪肉切成长条状，撒上盐腌一腌，然后支个高架子把肉条挂起来，下面点火熏，自己则吃些鲜猪肉就休息了。这样连着打几头野猪，十天半月后就可以满载而归了。

俄罗斯族人也打野兔，但打野兔是冬闲闹着玩，锻炼马术枪法，改换一下餐桌上的口味而已，不是主要狩猎项目。

雪豹和黑熊不是俄罗斯族猎手的狩猎对象，只是在上山打野猪时，偶尔遭遇了才开枪打的，不去专门打。

第五节　产生深远影响的运输业

过去，俄罗斯族的交通工具是四轮大车。是俄罗斯人第一个将四轮马车以及四轮马车的制作技术带到新疆的。此前，新疆的车是两个轱辘的牛马车。四轮大车的出现使新疆交通工具的结构发生了的变化。虽然现在四轮车已成为历史长河中微不足道的话题，但在当时却产生过极大的影响。

四轮大车。俄罗斯族四轮运输工具。俄罗斯族人初迁居新疆时，当地的交通、运输工具主要是两轮（木轮）马车或牛车，由于只有两个轮子，且辕木直接和车身固定在一起，所以无论是载重量、速度还是轻便灵活性都不理想。自从俄罗斯族人迁居新疆后，也将四轮马车和制造技术带到了新疆。四轮马车在俄语中的总称叫“切列嘎”（音译），它在当时是一种既轻便，速度又快而且载重量大的运输工具。同样套一匹马，可以拉比两轮大车多2～3倍的东西，因而普遍受到运输户的青睐，一时需要量很大。俄罗斯族人开的四轮车铁匠铺就应运而生。做四轮大车需要木匠和铁匠的合作来完成，而且主要靠铁匠，因为除木轮、车体、木辕外，其关键的连部件，如包裹四个木轮的铁箍，前后两对轮子之间的横轴，木轮中心的铁毂，前轴中心的上、下铁盘，盘中心的立轴等，都需要铁匠完成。因为前轮轴中心安装了活动铁盘，所以四轮大车虽然体积长了，但转向自如，当然常要给轴、铁盘和毂上点油，保持润滑，减少磨损，延长使用寿命。这样一辆四轮大车，铁、木工合作10天左右就可完成。新中国成立前后，四轮大车的生意很兴旺，在俄罗斯族工匠的教授下，当地民族也学会了这种技术，现在在南北疆城镇搞运输的四轮大车就是采用了俄罗斯族四轮大车的制造技术，而且由于采用了这种技术和工具，因而在有些民族的语言中，有关四轮大车和套具的名称也全被借用了。

槽子车。一种四轮大车，俄罗斯族的运输工具。由于车厢四周用木板倾斜围起来，像一个槽，因此被新疆人称为“槽子车”。它是随着俄罗斯人的迁居而在新疆北疆的伊犁、塔城等地广泛使用的。这种车体积较两轮车大，且轻便灵活，两前轮中轴上有一个铁盘，车辕可以90度转弯，这种车主要用于货运。

载人轻便马车。一种四轮的马车，是俄罗斯族的交通工具。它的体积较四轮运货马车小，俄语叫“哈多克”（音译），是一种轻便载人马车。这种马车没有挡板，车面是敞开的，而且不太高，上下人很方便，人们只需稍抬腿就能坐上车面，双腿耷拉在车外。由于制作时，车面上间隙钉铺着六根椽子，所以又被称为“六根棍”。这种车当时在新疆很有名气，是新疆解放前后主要的交通工具。现在仍被维吾尔族使用，在南疆和北疆的城镇广泛用于载人。

四轮轿式马车。俄罗斯族的一种载人交通工具，叫“克利亚什卡”。其轮子和辐条都是木制的，前后轮大小不一，大的直径约80厘米，小的约60厘米。前后轮轴上有两条钢板弹簧，弹簧上固定着轿式木车厢。箱内面对面各有一排座位，座位用皮革包裹，有扶手和靠背，可乘坐4人。车厢两侧中间各开一小门，门上有瞭望窗，门下方有供客人上下车的脚踏板，车前部有供马车夫坐乘的座位。该式马车短距离行程时一般套一匹马，远距离行程时套6匹马。过去轿式马车一般为有钱人家私有，不出租拉客。这种车是白俄将领败退新疆时带来的，新疆没有生产过。还有一种叫“卡列他”的马拉四轮轿车，它有可敞可盖的皮质伸缩避雨篷。这种车也是白俄将领败退新疆时带来的。

马拉雪橇。俄罗斯族冬季主要的交通运输工具，叫“萨尼”。新疆

人俗称爬犁子。新疆过去冬季寒冷且雪厚，在没有路的地方，大车行走困难，雪橇就方便多了。作为运输工具的雪橇长 1.8～2 米，宽 1 米多，高约 30 厘米，多用桦木制作。雪橇两边是滑木，滑木的直径有 10 厘米，接触地面的滑木前端弯曲向上翘起约 30 厘米，弯曲处呈弧形，以减轻雪橇的阻力。滑木上面有几个小木撑与其上方的长木合缝，两根滑木之间也用木撑连接，然后在上面钉板条或原木棍，雪橇是套马拉的，所以还有两根辕木，长约 2 米，一头用铆钉铆在雪橇挨地的滑木的前部外侧，一头用挽具套在马身上。载人时，雪橇面上要铺上毡子或兽皮。一般只套一匹马，接亲时套三匹马。制作雪橇时，先要选好滑木，截成一定的长度，在火边烤其前部，边烤边用力扳，使木头弯曲成一定的角度，然后用钉子将其固定在一个平面上，七八天后木头定型了，再和其他部件组合。另外，俄罗斯族小孩冬季还喜欢玩一种小雪橇，用来在积雪的坡度上滑行。

煤炭运输。以前，由于人口少，新疆的冬季非常寒冷，北疆家家户户、机关单位，学校都靠生火取暖过冬。而生炉子的煤要到离城镇二三十公里远的煤窑去拉。当时新疆本地的两轱辘车一天只能拉一趟，因为拉回炭后已经天黑了，只能等第二天才能卖出，由于花费时间长，所以煤价也高。俄罗斯族人用四轮槽子车拉煤，一次能拉一吨，而且回来要早些，所以能在当日把煤送到用户家中。这样，就有许多机关、学校与俄罗斯族拉煤运输户订了合同。后来随着汽车、拖拉机进入新疆市场，提高了运输速度，俄罗斯族四轮槽车也就退出了城镇运输的行列。

汽车驾驶训练班。1926 年，俄罗斯族人格米里肯担任新疆公路局的总办。公路局从我国东北、天津和新疆伊犁等地聘请了俄罗斯族的汽车驾驶员和修理技师米哈依洛维奇、伊万诺夫、布汴佐夫、额尔金松、什米德特等人，加强公路局的技术力量。当时新疆的驾驶员大部分是俄罗斯族人，包括包尔汉的驾驶员也是俄罗斯族，因为他们最早掌握了驾车技术。1933 年 6 月，新疆省政府向苏联订购汽车 100 辆。其后，公路局举办了驾驶员和修理工训练班，一共招收了维吾尔族和哈萨克族学员 30 名，由俄罗斯族技师和驾驶员教授。他们为新疆培养了首批少数民族汽车驾驶员和修理师，为新疆汽车运输业的发展做出了贡献。

禾木河大桥。早在 1916 年，禾木就出现了俄罗斯村庄，由于湍急的禾木河水的阻挡，隔绝了村民与外界的联系，只有冬季，禾木河结冰后，俄罗斯族村民才能赶着马拉雪橇，结队拉着农产品去布尔津等地集市兑换所需物资。这样也是要冒很大风险的，常常是第一辆雪橇不拉货，专门用来探路的，如遇到冰层塌陷的危险，也常常是马和雪橇毁于一旦。1930 年，定居在禾木的俄罗斯族修建了禾木河上的第一座桥。1944 年，仍由俄罗斯族人负责资金和技术人员，组织人力拉运木材和石头，第二次修建了禾木河大桥。直到 1970 年，政府修建了新的大桥。另外，1931 年，俄罗斯族人灭德烈作为技术人员协助修建了苏木代勒克河大桥（布尔津河最上游）。

罗德卡。新疆俄罗斯族水上小型交通工具，即俄式木船。该船长 2.5～3 米，一头尖，一头为截面，便于靠岸。制作时，先要做船体龙骨，然后再用木板拼接船体，做好后用桐油或油漆涂抹船体，以防渗水或腐烂。船帮两边各有一根桨。该船一般可乘坐 2～3 人。有的船底是用整木凿成的弧形。在俄罗斯族人定居新疆以前，新疆人的捕鱼方式是钓鱼，或在岸边撒网捕鱼，俄罗斯族人开创了伊犁河上驾木船撒网捕鱼的先例。

自行车。在新疆是俄罗斯族人率先骑自行车的。自行车俄语叫“维列萨别特”，新疆人起了个“萨衣旦洽克”的名字，意为“鬼轱辘”。随后自行车被新疆人接受，“维列萨别特”这个词成为借词。

第六节　善于改良的手工业者

俄罗斯人移居新疆后，对新疆原有的小手工业技术进行了改良，使这些技术更加先进。

一、马掌

新疆是个畜牧业地区，山区、草原的交通工具主要就是马，而当作交通工具的马是需要钉马掌的。新疆以前也有打马掌的铁匠铺。但新疆的马掌是平的，用不了多久，马就会在冰雪路上打滑，拉不动重车，甚至影响马匹摔倒而骨折。俄罗斯族人根据这种情况，按自己的传统习惯改进了马掌的形状结构，即在马掌前后铸加了三个凸出来的小刺。钉了这种马掌，马在冬季行走、拉车就不容易打滑了，重的货车也能拉动了，提高了效率。后来当地的铁匠也这样打马掌了。

二、水磨

俄罗斯族对凿石磨（磨盘）有一套独特的技术和丰富的经验。首先从选石料开始。因为石料的颜色直接影响加工面粉的颜色，因此，他们常选白色的石料。白色石料不会污染面粉的颜色，其次是石料的硬度要适中，太硬的石头因为太滑而减少了摩擦力，太软的石料容易出沙子，影响面粉质量，所以既要考虑到石料的颜色，又要考虑石料的硬度。随后，在选好的石料上凿纹络，这也是有讲究的，纹路走向的角度和纹路间沟槽的宽窄度直接影响到出面粉率和面粉质量，另外也影响石磨的使用寿命。俄罗斯族凿制的磨盘以石质坚硬，纹路细密而闻名，所以当时开磨坊的坊主们都愿意买他们的石磨。在石磨制造上有经验和较有名气的俄罗斯族人有伊万·卢尼奥夫、弗拉季米尔·阔斯金和老扎祖林一家。老扎祖林是一名优秀石匠，他凿制的磨盘以石质坚硬，纹路细密而闻名伊犁。

俄罗斯族工匠利用自己高超的手艺，对水磨进行了改进。首先，提高了磨面的速度。以前的水磨利用水自然产生的力带动连着磨盘的木轮，使其转动，虽然省了人力，但速度慢。俄罗斯族工匠在水道的落坡上建造引水槽，提高水的冲力，用激流冲击连着磨盘的木轮，加快转动速度，提高了动力，从而提高了磨面速度。其次，改进了罗面装置。旧式水磨罗面去麸皮都靠手工操作罗箱，俄罗斯族工匠在磨的枢轴和罗箱上各自安装了大小轮子，用皮带连接起来，随着水磨转动，罗箱也工作起来，从而完成了磨面、去麸同时进行的工序。因此，当时开磨坊的坊主或公社的水磨房，常请有经验的俄罗斯族人去安装或看水磨。他们既能装又能修，所以以前伊犁、塔城、阿勒泰等地的水磨坊大多由俄罗斯族人经营、看管。俄罗斯族人居住的村落都有水磨房，由于加工细致，所以附近的农民也喜欢去俄罗斯族人的水磨房加工粮食、饲料等。

三、莫合烟

莫合烟是20世纪30年代由俄罗斯族人从苏联传入新疆的晾晒性烟草，因为“劲大”，曾在苏联地区以及我国西北地区广泛流行。俄罗斯族人的定居点都开有“莫合烟”作坊。“莫合烟”一词是从俄语中借到少数民族语言和汉语中的一个词汇，可见它当时的影响之大了。莫合烟是一种用下等烟草制作的一种原始粗制烟，也就是将晒干的烟秆切碎，加工成细小的碎粒，再放在大锅里炒至颜色发赤黄色就可以了。这种烟由于成本低，所以价格也便宜。吸烟时，用一小条纸（多为报纸）上面撒上莫合烟，卷成棒状，用唾液粘一下或将一头纸捏在一起，

以防散落，点上火就可以吸了。由于莫合烟的制作技术简单，很快传给其他民族，新中国成立前新疆曾从苏联进口过莫合烟。现在莫合烟生意主要由维吾尔人经销。以前巴扎上卖“莫合烟”的人很多，现在城市不多见了，但乡村仍然有市场。

四、毡筒

从苏联北方迁居新疆的俄罗斯族人带来了制作毡靴的技术。毡靴是俄语“皮美”（音译）的意译，顾名思义，是毡子做的靴子，俗语也叫毡筒，因毡靴成形后比较硬，靴腰长及膝下，为穿脱方便，靴腰上、下一般粗，像铁炉的烟筒，所以叫毡筒。“皮美”（毡筒）是西伯利亚用语，西伯利亚方言中把制作毡靴的工匠叫“皮马卡特”。“卡塔尼卡”是毡靴的另一种方言称呼。毡靴是用粗羊毛擀制的一种冬季防寒靴具，它是一次擀制成形的，不用一针一线。穿毡靴只适用于在雪地上行走，因为雪对毡子的磨损小，它虽然看起来笨拙，但穿起来却又暖和又轻，最适合在北方冰天雪地和茫茫林海雪原中穿着，绝不会冻伤脚。过去住在阿勒泰、伊犁、塔城甚至乌鲁木齐的俄罗斯族和其他少数民族，冬季都穿“皮美”，尤其冬季在山里打猎的猎人，赶马车、驾雪橇的车夫都穿“皮美”。另外，“皮美”价格比较便宜，所以深受农牧民的欢迎。后来，俄罗斯族将制作毡靴的技术传给了当地民族，直到20世纪70年代，这种毡靴还在北疆的山区林区、农牧区畅销，连乌鲁木齐的畜产品公司也有销售，现在城市里已不多见了。

五、制衣

从20世纪20年代起，新疆开始流行穿西服、戴礼帽、穿大氅（毛呢大衣），俄罗斯族人中会缝纫的人就开办了缝纫铺（缝纫机也是从苏联进口的）。其中，伊犁有一个俄罗斯族裁缝很有名。除了西服、大衣外，还有连衣裙也是俄罗斯族裁缝首先缝制的。各种式样的连衣裙深受新疆当地妇女的喜爱。所以，西服、大衣、连衣裙等词语也被少数民族借用，叫“卡斯秋木”、“帕里托”、“布拉其耶”（布拉吉）。

六、制革

过去，新疆的畜牧业生产很兴旺，盛产各种畜皮，但皮革加工工艺较落后。当地工匠只会鞣制羊皮，且鞣制的羊皮质量较差，只能供当地少数民族缝制皮衣、皮裤和皮袜。大量的羊皮、牛皮、马皮、鹿皮等一直是出口沙俄或苏联的主要贸易品。迁居新疆的俄罗斯族中有掌握了先进技术和制作皮靴技术的工匠。他们先是家庭制革，后来便开起了作坊，用化学药品和先进工具鞣革，加工出的皮子轻巧、美观、还耐磨。他们不仅鞣制羊皮，而且也鞣制牛皮、马皮等，并且用自己鞣制的牛皮制作长腰皮靴，一时生意很红火。

七、靴鞋

俄罗斯族工匠还用他们自己鞣制的牛皮生产具有特色的油皮靴。因为当时的归化军都穿长靴，援助新疆剿匪的苏联红军也穿长靴，俄罗斯族男人也都穿靴子，同时影响了当地少数民族也兴起了穿靴热。穿靴热带动了制靴业，一个师傅带好几个徒弟，徒弟也不局限于俄罗斯族的，还有其他民族的。俄罗斯族工匠用牛皮制作的长筒油皮靴，很有特色，不怕泥水，靴底也是全牛皮的，有防寒隔潮的作用，不易得腿病。曾有一段时期还流行过走路“嘎吱嘎吱”响的皮靴，以便引人注目。另外，俄罗斯族皮匠还用牛皮制作军用马鞍、马车套具等，深受新疆各族军民的欢迎。

八、修理业

四轮车的普及带动了四轮马车的各种配件和套具的需求。俄罗斯族人的铁匠铺里既制作四轮马车的零配件，也兼修理大车、农机的部件。另外也装配、修理小型机械，如水磨、犁铧等。因为十月革命后来新疆的俄罗斯族人中，有许多有知识、有技术专长的人，为了养家糊口，他们就干起了技术修理行业。当时，乌鲁木齐、伊犁、塔城及周围县城，干修理业的大多是俄罗斯族，他们具有手工业技巧、手艺，办起了手工工场和作坊，修理钟表、缝纫机、手摇唱机、自行车等。

俄罗斯族手风琴修理师　（姚远摄）

九、挽具

生活在农村、牧区、山区的俄罗斯族基本上都用四轮大车或雪橇。无论骑的马或是大车、雪橇都是马拉的，或一匹马，或二三匹马，而套马都需要挽具。如马头上戴的皮革“笼头”，马背上的小铁鞍子，骑马用的大铁鞍子，皮革马肚带，马屁股上的牵拽皮带，辔头、轭、夹板线、皮革缰绳等用具，俄罗斯族人都自己制作，其他少数民族也都喜欢用俄罗斯族人做的这些挽具，所以俄罗斯族的车名和套具名称都被少数民族借用。

俄罗斯族人制作的套马的皮具，多用牛皮或鹿皮，据说鹿皮比牛皮还好。他们制作的马车套具既轻巧又坚固，各族农牧民较乐于使用。目前新疆制革工艺中的一些流程，也是受当时俄罗斯族制革技术影响的。

十、取暖工具

俄罗斯族迁居新疆后，新疆北部冬季御寒的生活方式发生了变化。新疆北部冬季异常寒冷，原来百姓家中冬季御寒的工具是火盆和火炕，俄罗斯族人将使用火墙的技术在新疆北部城镇中推广，而且俄罗斯族铁匠铸造的生铁炉子精巧美观，省燃料，散热多，为各族人民过冬带来了方便。[①] 现在虽然随着城市楼房的建设，暖气取代了生铁炉，但在农村，火墙和生铁炉子仍然在发挥他们的作用。

现在的俄罗斯族人与几十年前的俄罗斯族人相比，已发生了很大的变化，但是民族的认同感（民族心理）依然使得他们凝聚成为一个群体，在变化融合中生存。这个年轻的跨界民族还是顽强地保留和传承了一些淳朴的俄罗斯民俗文化，这一点让来自俄罗斯的友人都感到惊叹。希望更多的人能了解和关注这个民族——中国俄罗斯族！

---

① 《俄罗斯族简史》编写组．俄罗斯族简史．新疆人民出版社，1987：39.

后记

2010年第六次全国人口普查显示，中国有俄罗斯族人口15 393人，占全国总人口的0.001 2%，在中国人口较少少数民族中排倒数第八位。如此少的人口，分布在两个省区和一些城市，如同大海中的一滴水，让你几乎感受不到他们的存在。另一方面，目前中国俄罗斯族的民族成分中80%以上是俄华后裔，只有10%左右的人保持了原貌(纯俄罗斯族)。可喜的是：改革开放以来，居住在新疆、内蒙古等地的俄罗斯族努力奋起，为振兴民族，传承民族文化积极地做着实际，有效的工作。

我是从20世纪90年代末开始收集和整理有关俄罗斯族的民俗资料的，访问过许多俄罗斯族老人。尤其是承担2007年国家社会科学基金项目后，利用寒暑假期时间实地走访了新疆北疆地区多个历史上俄罗斯人居住过的地区，得到了大量的第一手资料，为有关俄罗斯民族的撰写工作积累了丰富的内容。我曾经访问过乌鲁木齐地区的吉娜，瓦里亚，列娜，舒幕桐，阿纳托利，玛莎，滕春娣等人；塔城地区的菲达尔，佐亚，阿纳托利，阿俩，柳霞，菲尼亚，阿列克桑德尔等人；伊犁地区的尼娜，尼古拉一家，孜缅科一家，阿列克桑德尔，谢苗恩，克腊斯纳索夫一家，琪玛菲一家，米沙一家等；阿勒泰地区的廖尼亚，阔利亚一家，妞霞，薇拉，尕佳等人家，得到了他们热情的鼓励，支持和无私的帮助。在此，我向所有提到名字和遗落名字的以及所有帮助过我的俄罗斯族人民表示最诚挚的感谢，再一次：谢谢你们。没有你们的支持，就没有有关俄罗斯族的作品问世，就没有我的今天。

最后，我还要感谢我的丈夫王庆毅，儿子王超、王腾对我的理解和技术上的支持，使我在有关俄罗斯族的写作上能坚持到现在。

滕春华·柳芭